Como Conquistar Uma Ótima Posição de GERENTE ou EXECUTIVO

Como Conquistar Uma Ótima Posição de GERENTE ou EXECUTIVO

... e dar um salto importante em sua vida profissional

Sharon Voros

M. Books do Brasil Editora Ltda.

Av. Brigadeiro Faria Lima, 1993 - 5º andar - Cj. 51
01452-001 - São Paulo - SP - Telefones: (11) 3168-8242/(11) 3168-9420
Fax: (11) 3079-3147 - e-mail: vendas@mbooks.com.br

Dados de Catalogação na Publicação

Voros, Sharon
Como Conquistar uma Ótima Posição de Gerente ou Executivo/Sharon Voros
2006 – São Paulo – M. Books do Brasil Editora Ltda.
1. Recursos Humanos 2. Empregos 3. Negócios
ISBN: 85-89384-81-0

Do original: The Road to CEO
© 2002 Sharon Voros
© 2006 M. Books do Brasil Ltda.
Todos os direitos reservados.
Original em inglês publicado por:
Adams Media Corporation.

EDITOR
Milton Mira de Assumpção Filho

Produção Editorial
Salete Del Guerra

Tradução
Maria Lúcia Rosa

Revisão de Texto
Cláudia Mello Belhasof/Mauro de Barros

Composição Editorial e Capa
ERJ Composição Editorial

2006
Proibida a reprodução total ou parcial.
Os infratores serão punidos na forma da lei.
Direitos exclusivos cedidos à
M. Books do Brasil Editora Ltda.

DEDICATÓRIA

A meu marido Andy, que apoiou minhas compulsões autorais por mais de 20 anos; a meus filhos Sam e Meredith, cujo humor e preocupação me deram energia; e a meu pai, Ernest L. Voros, cujas histórias sobre Franklin D. Roosevelt, Eugene Grace e o imperador Franz Josef despertaram minha fascinação por líderes.

AGRADECIMENTOS

A idéia para o livro *Como Conquistar uma Ótima Posição de Gerente ou Executivo* nasceu cinco anos atrás, quando meu ex-colega David B. Radden me alertou que um currículo em si não faz um executivo. Primeiramente, explorei o conceito do perfil de líder em *The National Business Employment Weekly*, no qual meu artigo provocou intensa reação e interesse. Ao perceber que tinha atingido um ponto nevrálgico, propus-me a examinar o perfil de líder mais a fundo, descobrindo o que os melhores consultores de seleções de executivos dos Estados Unidos, que fazem seleção diariamente, tinham a dizer.

Este livro não seria possível sem as contribuições de 150 executivos que trabalham em recrutamento, de especialistas do setor, de consultores de carreira e de gurus de negócios que partilharam seus pensamentos e experiências sobre o que é necessário para se tornar um líder bem-sucedido.

Os esclarecimentos, exemplos e conselhos oferecidos por esses profissionais preencheram centenas de páginas — o suficiente para escrever uma série inteira de livros sobre o perfil de executivo. Selecionamos os comentários e conceitos fundamentais que melhor demonstravam a amplitude e a profundidade de pensamento e ação que o peril de executivo provoca no mundo corporativo — em uma variedade de setores e em empresas de diversas origens nacionais.

Sou particularmente grata às perspectivas sobre o setor de recrutamento de executivos oferecidas pelos gurus Chris Hunt e Scott Scanlon, da Hunt-Scanlon Publishing; por Joseph McCool, da *Executive Recruiter News*; e por Paul Hawkinson, da *The Fordyce Letter*, que me ajudaram a desenvolver, questionar e aprimorar minhas idéias. Suas contribuições foram especialmente úteis na fase inicial, quando formulei o conceito do livro e identifiquei os pontos principais a tratar.

Além da comunidade de consultores de executivos, também gostaria de expressar minha gratidão ao Dr. John W. Boudreau e à Dra. Renae Broderick, do Center for Advanced Human Resource Studies da School of Industrial and Labor Relations, da Cornell University. Em 1995, comecei a trabalhar na Cornell para pesquisar por que os executivos mudam de emprego. Uma saudação também a John Rau, ex-CEO da Chicago Title Corporation e ex-reitor da Escola de Administração da Indiana University. Colaborar com John em *Secrets from the Search Firm Files* despertou-me um desejo de escrever meu próprio livro.

Kelly Mooney forneceu um excepcional suporte à pesquisa dos perfis de executivos e da lista final de executivos que têm perfil de líder. As sugestões editoriais de Joan Scott foram de grande ajuda no desenvolvimento do livro. E o entusiasmo e incentivo de Jodi Holden ajudaram-me a superar as dificuldades.

Sou grata também a meu agente Jeremy Solomon, que me convenceu que minha idéia era valiosa, e a meu editor Jere Calmes, que me deu uma sólida orientação durante todo o processo.

Sharon Voros
Fort Worth

PREFÁCIO

por
Philippe de Backer
Sócio, Bain & Co., e autor de *Maximum Leadership*

As modas gerenciais vão e vêm. Entretanto, a importância da liderança corporativa como fator determinante de sucesso nunca foi posta em dúvida. O que, exatamente, faz de um executivo um líder? Em uma época de concorrência cada vez maior no mundo todo, poucas questões geram tanta controvérsia e debate.

As janelas contrastantes da consultoria gerencial e do recrutamento de executivos têm me permitido testemunhar diretamente as características que capacitam os líderes a atingir resultados financeiros duradouros. Como consultor da Bain & Co., tive o privilégio de trabalhar com líderes globais que estão comprometidos em atingir valor duradouro ao atrair talentos de todos os tipos, conceber novas formas de criar e oferecer produtos e serviços e superar a concorrência. Antes de trabalhar para a Bain & Co., fui sócio de uma empresa global de recrutamento de executivos, em que avaliava candidatos para cargos de diretoria nas principais organizações internacionais.

Liderança, afinal, é a capacidade de proporcionar consistentemente resultados extraordinários ao tomar decisões sobre valores e recursos. Também é a capacidade de estabelecer uma estratégia — distribuindo recursos escassos de uma maneira diferenciada que leve a resultados sustentáveis. Talvez o elemento mais importante da liderança seja a execução: assegurar que as táticas de uma empresa e suas atividades diárias reflitam sua estratégia.

Uma das melhores formas de explorar o estilo de liderança é aprender como os executivos exercem seus cargos, se posicionam e vêem seu papel. Não há nada tão revelador quanto uma explicação de primeira mão sobre pessoas, decisões, programas, técnicas, erros e realizações. Em conversas com mais de 160 dos melhores executivos globais para meu livro *Maximum Leadership*, fiquei fascinado ao descobrir que a abordagem gerencial escolhida por um CEO tem pouco a ver com sua personalidade. Em vez disso, baseia-se nas necessidades da empresa. Em uma situação em que uma nova estratégia é crucial para o sucesso da organização, os líderes excelentes adotarão uma abordagem estratégica, posicionando-se como os maiores visionários da empresa. Uma abordagem centrada no capital humano permite ao CEO alcançar o sucesso por meio de políticas de humanização. Uma abordagem centrada na especialização posiciona o CEO como detentor de um conhecimento específico e proprietário. Uma abordagem convencional envolve iniciar um conjunto complexo de procedimentos e comportamentos esperados que levem ao sucesso; e a abordagem do agente de mudança requer que o CEO aja como o catalisador da transformação.

Identificar a situação estratégica de uma empresa e a abordagem gerencial de seu principal líder é uma etapa fundamental para alguém que procura um cargo gerencial na empresa em que trabalha — ou uma oportunidade semelhante em outra organização. É improvável que um gerente "convencional" faça progressos profissionais em uma empresa orientada por um diretor "estratégico". Mas, independentemente da abordagem gerencial que um executivo adote, o perfil de líder é fundamental. Saber quando transmitir uma mensagem, como persuadir outras pessoas e quais regras da etiqueta corporativa devem ser aplicadas é tão vital para ascender na carreira quanto entender a teoria microeconômica ou ter um Ph.D. em ciências da computação.

A *aparência* e a *postura* são os aspectos básicos do perfil de líder. Os líderes sabem que são o foco de atenção e nada do que fazem ou dizem passa despercebido. Além de adotarem o "uniforme" que acompanha sua posição, os líderes são serenos e tranqüilos em interações sociais.

Outro ponto fundamental da presença do executivo é o *foco*, ou a capacidade de se concentrar e progredir apesar das interrupções. A maioria dos executivos é bombardeada por um fluxo constante de telefonemas, interrupções, problemas e assuntos relativos aos funcionários. Aqueles que conseguem cumprir seus compromissos, enquanto lidam com questões secundárias que surgem inevitavelmente, têm um talento singular.

O *intelecto* é um aspecto intangível fundamental, mas não é simplesmente uma questão de QI, de pontuação no SAT ou de formação acadêmica. Nesta era da informação, a capacidade de digerir uma enorme quantidade de informações e de integrá-las com dados anteriores para estabelecer um arcabouço de conhecimentos em constante evolução é, na realidade, fundamental para uma carreira gerencial bem-sucedida.

Os executivos com um dom para transformar fatos brutos em histórias construtivas e de conversar de uma forma despretensiosa e direta talvez tenham o fator mais importante do perfil de líder: ótimas *habilidades de comunicação*. Talvez o fator mais enganoso do perfil de líder, o *carisma* é a capacidade de despertar o interesse e o entusiasmo e está diretamente relacionado à autoconfiança de um executivo e ao interesse em outras pessoas. Em muitos casos, o carisma está fundado na *paixão* — um compromisso inabalável com o cargo e com a organização que energiza um executivo e impulsiona seu desempenho. Finalmente, a *adequação à cultura* — a capacidade de reconhecer e agir de acordo com as regras básicas de comportamento da organização — é fundamental ao modo como um executivo é percebido e respeitado.

É praticamente impossível um executivo subir à direção sem um forte perfil de líder. Graças ao enfraquecimento das hierarquias corporativas, estamos na era do grupo. Como consultor gerencial, tenho visto inúmeros executivos com uma excelente capacidade técnica, mas um perfil de líder pouco desenvolvido. Não importa o quanto sejam brilhantes, acabam conseguindo um cargo em que não têm de gerenciar muitas pessoas. Freqüentemente, eles saem da empresa ou são forçados a sair.

A boa notícia é que o perfil de líder pode ser adquirido e melhorado. Em *Como Conquistar uma Ótima Posição de Gerente ou Executivo*, Sharon Voros e 150 dos melhores consultores de executivos fornecem estratégias e táticas específicas para avaliar seu atual perfil de líder, identificando pontos fortes e fracos, e alimentando os fatores intangíveis que impulsionarão a trajetória de sua carreira.

SUMÁRIO

Capítulo 1	**Por Que o Perfil de Líder?** 1
	Avançando Diagonalmente 2
	Seu Currículo É Apenas o Começo 3
	Participando do Jogo 4

Capítulo 2	**Não É Apenas o Que Você Fez** 6
	As Realizações São Apenas o Começo 7
	Não É uma Questão de Ser Esperto 8
	Porteiros do Escritório do Executivo 9
	Explorando os Mistérios 10
	A Voz dos Maiores Consultores 11
	Você Sabe Quando Você Vê 12
	Perfil de Líder — O Que Não É 15

Capítulo 3	**Gerenciando Sua Carreira: As Novas Realidades** 18
	Três Anos e Meio em Cada Empresa 19
	Você Está por Sua Própria Conta 19
	Quem É o Executivo Típico? 20
	Estresse no Trabalho 21
	Altas Aspirações, Realidade Decepcionante 22
	Ninguém Deixa de Atender um Telefonema 23
	A Selva da Carreira: Devorar ou Ser Devorado 25

Capítulo 4	**Quando o Headhunter Telefona** 27
	Encontrando o Talento Gerencial — Com Rapidez 28
	Fase 1: O Que o Cliente Quer? 29
	Fase 2: Identificando e Qualificando Candidatos Potenciais 32
	Fase 3: A Entrevista Pessoal 34
	Fase 4: Avaliação do Candidato 38
	Fase 5: Verificação Final de Referências 41
	Trabalhando com Consultores de Executivos — Os Sete Mandamentos 43

Capítulo 5	Você Tem Perfil de Líder?	45
Capítulo 6	Sua Aparência	57
	Pesadelos Acontecem	58
	A Aparência Tem Várias Dimensões	59
	Aperfeiçoando-se	59
	Fazendo Julgamentos Rápidos	60
	O Visual Padrão	60
	Saúde E Forma Física	61
	Linguagem Corporal	62
	Roupas: Você É o Que Você Usa	63
	Sapatos: A Janela da Alma	66
	Acessórios: Sutis, Elegantes e Estáticos	67
	Cabelo: Limpo, Bem Cortado e Longe do Rosto	69
	Postura: O Que Mamãe Nos Ensinou	70
	Aparência Pessoal: Sob o Microscópio	70
Capítulo 7	Como Você Se Comporta	72
	Autoconfiança	73
	Linguagem Corporal	75
	Maneiras	77
	Preparação e *Followup*	79
	A Nova Entrevista de Emprego e Dez Maneiras de Estragar Tudo	81
Capítulo 8	O Que Você Diz	84
	O Que Você Revela	84
	Um Faro para Detectar Lapsos	85
	Você: o Relato	86
	Um Relato Melhor Vende	87
	Analise a Especificação do Cargo	88
	Roteiro de Entrevista	90
	Pense — e Fale — Usando *Leads*	93
	Providencie Evidências	93
Capítulo 9	As 15 Perguntas Que os Consultores Mais Fazem	95
	Perguntas Que o Posicionam Como um Forte Candidato	103
Capítulo 10	A Maneira Como Você Diz as Coisas	105
	As Únicas Armas	106
Capítulo 11	Perfil de Líder: Heide G. Miller	115
	Enfrentando os Desafios	116
	Consumando o Casamento	116
	Nem um Pouco Tímida	117
	A Ligação com a América Latina	118

	Trabalhe para Pessoas Que Você Respeita	118
	Perfil de Líder	119
Capítulo 12	**Como Você Pensa**	**122**
	Você Tem Isso?	123
	Pensar no Todo	123
	Visão	125
	Equilíbrio	126
	Instinto	128
	Astúcia Política	128
	O Jogo do Processo de Seleção	129
	Não se Deixe Levar pelo Instinto	131
Capítulo 13	**A Paixão por Liderar**	**133**
	O Desejo Vence Tudo	133
	CEOs Apaixonados	134
	Descobrindo Executivos Apaixonados	135
	Energia	136
	Otimismo e Entusiasmo	138
	Foco	139
	Desejo Controlado pelo Risco	140
Capítulo 14	**Carisma**	**142**
	Cavalo de Circo *Versus* Burro de Carga	143
	O Poder do Otimismo	144
	Mensagens Simples	145
	Habilidades Interpessoais	146
	Empatia	147
	Desenvolver os Outros	148
	Orientação para o Cliente	149
Capítulo 15	**Adequação à Cultura**	**150**
	Determinando a Adequação à Cultura	152
	Estilo Gerencial	152
	Entrando em uma Nova Cultura	156
	Evitando o Choque Cultural	158
Capítulo 16	**Perfil De Líder: Richard H. Brown, CEO, Eletronic Data Systems**	**162**
	Ordem para Mudar	163
	Uma Preferência pela Ação	163
	O Desafio de um *Outsider*	164
	Estilo Caseiro	165
Capítulo 17	**Perfil de Líder no Mundo**	**169**
	Escolhendo o Talento Global	169

	Mais do Que a Simples Etiqueta 170
	Quem É a Pessoa Certa para o Cargo? 172
	Gerentes Globais 172
	Produtividade *Versus* Diversão 173
	Para a Vida Toda 173
	Aspectos Especificamente Americanos do Perfil de Líder 174
	Fundamentos do Perfil de Líder 174
	O Mercado para Expatriados 175
	Quatro Trajetórias para uma Carreira no Exterior 177
Capítulo 18	**Perfil de Líder: 2010** 178
	O Trabalhador do Conhecimento de Hoje 179
	Transcendendo o Papel de *Geek* 180
	Empresas Iniciantes 181
	Agir Como CEO 181
	Fatores do Perfil de Líder para o Século XXI 182
	Seis Aspectos Obrigatórios para os Líderes do Futuro 183
Conclusão	 185
Glossário	 187
Índice Remissivo	 191

1
POR QUE O PERFIL DE LÍDER?

O perfil de líder — que envolve aspectos intangíveis como paixão, postura, energia, habilidades de comunicação e aparência — é o que leva, em última instância, a uma posição de executivo sênior.

Não faltam conselhos sobre como impulsionar sua carreira e elevar-se à esfera dos executivos. Nos últimos dez anos, psicólogos, consultores e pesquisadores acadêmicos publicaram centenas de tratados sobre atitudes, comportamentos e capacidades que distinguem os altos executivos. Há dezenas de manuais de instrução sobre como ascender na pirâmide do sucesso, destinados a gerentes ansiosos por acelerar suas carreiras. A maioria, no entanto, se baseia em um pressuposto falho: os ambiciosos aspirantes a executivos podem avançar para a alta direção de suas empresas por meio do árduo trabalho, do sacrifício pessoal e de um pouco de inteligência emocional — sem se esquecer do uso de roupas adequadas.

Na vasta maioria das solicitações de seleção de CEOs, os candidatos possuem um nível básico de experiência e habilidades. Em quase todos os casos, no entanto, as habilidades subjetivas — os fatores que constituem o perfil de líder —, necessárias ao cargo, são mais importantes que as competências objetivas.

TRINA GORDON, SÓCIA, BOYDEN

A realidade é que o Sonho Americano já deixou de ser o emprego vitalício. Mesmo que isso tenha sido realidade um dia, chegar ao comando por meio de muito trabalho é uma tradição ultrapassada. Hoje, com o desemprego em queda histórica e as corporações barganhando gerentes, a maioria das empresas acha mais simples e barato recrutar executivos treinados à custa de outra empresa. Açoitados por mercados de ações inconstantes, pela concorrência no exterior e pela tecnologia em evolução, os empregadores de hoje têm abandonado cada vez mais seu papel tradicional de treinar e preparar futuros executivos. As empresas que ainda fazem isso, como a General Electric e a Procter & Gamble, são continuamente saqueadas por consultores de seleções de executivos e perdem muitos de seus maiores talentos para empresas que precisam de salvadores. Como diz E. Pendleton James, da Pendleton James & Associates, Inc.: "A GE é uma equipe produtora para nós, *headhunters*".

De acordo com a *Business Week*, no final da década de 60 apenas 9% dos novos líderes vinham de fora. Agora, entre 25% e 40% dos CEOs nas mil melhores empresas de capital aberto foram recrutados de fora, e esse número deve crescer. De acordo com uma pesquisa de 1998, feita pela International Association of Corporate and Professional Recruiters, mais de 60% das vagas no nível executivo são preenchidas com candidatos de fora das empresas.

AVANÇANDO DIAGONALMENTE

A mensagem para a maioria dos 14 milhões de executivos e gerentes de hoje é clara: chegar ao comando agora envolve um jogo em que se avança diagonalmente pelas diferentes empresas e setores. Como têm mostrado Lou Gerstner, Bruce Harreld e outros executivos de alto nível que ziguezagueiam pelas empresas, um desvio para outro setor pode ser a via mais rápida para se chegar à direção de uma empresa.

Na realidade, as vias diagonais até se chegar ao *corner office** agora são traçadas por consultores — *headhunters* —, que oferecem a seus clientes acesso a milhares de executivos talentosos e a um sistema discreto e bem preparado para solicitar, selecionar e contratar esses executivos. Embora as taxas cobradas por essas empresas possam chegar a um terço da remuneração

---

* Veja glossário de termos utilizados neste livro em inglês, na página 187. (N. do E.)

anual do novo executivo — o que não é insignificante para um executivo com um salário de um milhão de dólares —, a maioria das grandes organizações acha que vale a pena terceirizar essa tarefa desagradável de procurar talentos nas empresas concorrentes. Como abelhas, hoje os consultores fazem a polinização cruzada entre os escritórios dos executivos da maioria das organizações, empresas de serviços profissionais e empresas iniciantes financiadas por capital de risco.

Há outra razão para os consultores assumirem as trajetórias até o escritório do executivo: eles fornecem a paciência institucionalizada para o processo de selecionar um executivo-chave. À medida que as empresas procuram evitar os danos internos e externos que um executivo como o "Motosserra" Al Dunlap, ex-CEO da Sunbeam, pode causar, elas são ainda mais deliberadas quanto à seleção de líderes e ao uso crescente de consultores para tranqüilizar seus conselhos administrativos e lidar com a pesada carga de selecionar executivos.

SEU CURRÍCULO É APENAS O COMEÇO

Poucos executivos interessados no *corner office* percebem que a recomendação de um *headhunter* se baseia em critérios que têm pouco a ver com realizações, progresso da carreira, poder do currículo ou mesmo com respostas inteligentes a perguntas da entrevista. As realizações profissionais e o conteúdo são apenas o começo: o perfil de líder — o conjunto de aspectos intangíveis como paixão, postura, energia, habilidades de comunicação e aparência — é que acaba colocando alguém em um cargo de executivo sênior, não importa o quanto sejam boas suas credenciais.

Para cargos de nível sênior, os currículos são quase secundários. Realmente fundamentais são a presença na sala do conselho e a capacidade de apresentar idéias efetivamente e de se empenhar para fazer as coisas acontecerem.
DONALD C. CLARK, EX-SÓCIO,
RAY & BERNDTSON

Quando comecei a trabalhar com consultores, há mais de 12 anos, fiquei surpresa ao perceber que um histórico de carreira brilhante e registros de sucesso eram requisitos necessários, mas não suficientes, para um alto cargo na direção. Embora certos dados que costumam ser apresentados no currículo — como promoções, resultados, sucesso financeiro e experiência com L&P — sejam fatores importantes para se chegar à direção, a maioria dos consultores experientes não acredita em currículos, que podem ser preparados de modo a se encaixarem em praticamente qualquer oportunidade.

Eles admitem que o perfil de líder é quase sempre o fator determinante na decisão de um cliente de contratar ou rejeitar um candidato. Como diz Jay Gaines, presidente de sua própria empresa de seleção: "Em média, o perfil de líder e a química respondem por 70% da maioria das decisões de contratação. O desempenho e o registro profissional, por apenas 30%". Concorda Rich Hardison, presidente da Hardison & Company: "A importância que colocamos no perfil de líder mudou radicalmente desde que entrei no negócio de recrutamento de profissionais, 25 anos atrás. Na época, o desempenho, o conhecimento e a qualificação eram duas vezes mais importantes que o perfil de líder. Hoje, esta é duas vezes mais importante que o desempenho e as qualificações. Ainda temos de encontrar candidatos com a capacidade certa, mas precisamos ter muito mais consciência do perfil".

PARTICIPANDO DO JOGO

O perfil de líder é um requisito fundamental para um administrador interessado em avançar em sua carreira. Se você busca uma ascensão rápida à direção, é provável que progrida a cada três ou quatro anos, mudando de empresas. Essa informação é do Center for Advanced Human Resource Studies, da Cornell University. É provável também que você faça isso por meio de um *headhunter*. De fato, é bem provável que você tenha se encontrado com um consultor, ou conversado com ele por telefone, pelo menos uma vez no ano passado.

Embora muitas das oportunidades que os consultores oferecem como atrativo possam não ser tentadoras para você, algumas certamente serão. Mas, se um *headhunter* está envolvido, pode ter certeza de que não é o único candidato ao cargo. Você pode aumentar muito suas chances de assumir os cargos que lhe interessam se souber como os *headhunters* avaliam o perfil do executivo.

Neste livro, os melhores consultores do mundo revelam realidades surpreendentes de como o talento gerencial é julgado e selecionado. *Como Conquistar uma Ótima Posição de Gerente ou Executivo* lhe mostrará:

- *De que maneira os consultores avaliam o perfil de um candidato como executivo.* Este livro o ajudará a dominar o processo de seleção de executivos e a conseguir as ofertas de emprego que realmente deseja. Você descobrirá como os consultores determinam quais fatores do perfil de líder são fundamentais, e quais são dispensáveis. Aprenderá como os consultores identificam e avaliam se você tem esse perfil, incluindo as pistas que eles procuram, e entenderá como comunicam seu quociente de perfil de líder ao cliente.

- *Qual é seu fator de perfil de líder.* O Capítulo 5 fornece um teste diagnóstico informal que pode ajudá-lo a avaliar seu quociente de perfil de líder e a entender como você deve passar pelos consultores que podem lhe abrir as portas ou enviá-lo de volta a seu emprego atual.
- *Quem tem perfil de líder.* Você verá uma análise aprofundada de dois executivos com quocientes de perfil de líder acima da média e lerá sobre centenas de exemplos reais que ilustram como o perfil — ou a falta dele — pode incrementar ou arrasar os planos de carreira de um candidato. Pela primeira vez, você verá quem são os executivos com mais perfil, segundo os consultores.
- *Como melhorar o perfil de líder.* Você receberá conselhos dos melhores *headhunters* dos Estados Unidos sobre como fortalecer seu perfil, como melhorar áreas fracas e disfarçar áreas problemáticas, além de aprender dez regras para ter sucesso — ou fracassar — nas entrevistas, fazer o teste básico do perfil e explorar as 15 perguntas feitas com maior freqüência pelos consultores. Nada disso surpreende — o que você sabe e o que realizou podem ter pouco a ver com a maneira como é julgado.

Se você quer saber como executivos perspicazes conduzem suas carreiras e o que os consultores procuram em candidatos a executivos, e se quer progredir rapidamente em sua carreira, este livro lhe será útil. Pela primeira vez, *Como Conquistar uma Ótima Posição de Gerente ou Executivo* revela a realidade surpreendente de como se tornar um executivo.

2

NÃO É APENAS O QUE VOCÊ FEZ

Não importa que você tenha boas credenciais e um registro de sólidas realizações. Isso é apenas o requisito mínimo. São as qualidades intangíveis que o levam a ter sucesso como líder.

Uma importante empresa de seleção de executivos selecionou há pouco tempo um novo vice-presidente de negócios públicos para uma empresa de fornecimento de energia citada pela revista *Fortune* entre as mil melhores empresas. O currículo do principal candidato tinha tudo: experiência condizente com as especificações dadas pela empresa cliente, uma boa reputação entre seus colegas, diploma de advogado, experiência em Washington. Ao telefone, ele falava bem, parecia dinâmico e causava boa impressão. Mas, quando chegou para uma entrevista com o consultor, usando terno de poliéster e carregando uma pasta de imitação de couro, foi passado para o último lugar da lista. Apesar das excelentes realizações do candidato, estava claro para o consultor que ele não era adequado. Quem conseguiu o emprego? Um executivo com uma formação não tão perfeita, mas cuja aparência condizia com o perfil exigido.

Em outro caso, o *headhunter* procurava um novo CEO para uma importante empresa de telecomunicações. As credenciais de um candidato eram fantásticas: cinco anos como CEO de uma grande empresa de telefonia celular, promoções a cada dois anos e uma forte reputação por alcançar resultados em um negócio altamente competitivo. O candidato estava interessado na posição e entusiasmado com o potencial de longo prazo para sua carreira. Uma reunião com o consultor no Aeroporto O'Hare, entretanto, cortou suas chances: não conseguia ficar sentado, ligou para seu escritório durante a entrevista e olhava continuamente por cima dos ombros do consultor, aparentemente temendo que alguém de sua empresa o visse conversando com um *headhunter*. O executivo que conseguiu o emprego? Aquele que fez o consultor ir à casa dele à noite, longe de olhos curiosos de funcionários e *outsiders*.

> *As empresas podem descrever o perfil de um executivo da próxima geração, preparado para o novo século, mas freqüentemente são atraídas pelos candidatos que apresentam as mesmas qualidades que sempre levaram ao sucesso. Elas querem alguém que esteja disposto a trabalhar muito, fazer sacrifícios pessoais, transmitir de maneira vigorosa a missão da empresa e focalizar as questões e desafios que determinarão o sucesso da empresa no longo prazo.*
>
> WINDLE B. PRIEM, EX-VICE-PRESIDENTE E EX-DIRETOR OPERACIONAL, KORN/FERRY INTERNATIONAL

Em um terceiro caso, um consultor que estava procurando um funcionário para iniciar carreira em uma importante empresa de consultoria gerencial identificou, em uma busca na Internet, um candidato com habilidades e potencial ideais. Formado em engenharia elétrica pelo MIT e com três anos de experiência em projetos e instalações de sistemas informatizados para as 50 melhores empresas indicadas pela revista *Fortune*, o candidato se encaixava no perfil ideal da empresa de consultoria.

Embora ele provavelmente tivesse recebido três ligações de *headhunters* naquele dia, concordou em se encontrar com a consultora. Depois de duas horas de entrevista, a consultora se desculpou: embora o currículo do Sr. Perfeito parecesse excelente, ele não conseguia ficar calado. A consultora sabia que seu cliente o descartaria pelo fato de ele não parar de falar. Quem conseguiu o emprego? Um recém-formado com habilidades de comunicação e boa postura social, embora tivesse menos competência em computação.

AS REALIZAÇÕES SÃO APENAS O COMEÇO

Quando freqüentei a Wharton School, no final da década de 70, vários colegas de classe se destacaram como verdadeiros "gênios" — candidatos a MBA com alto potencial que pareciam ser destinados a realizações grandiosas na vida. Havia um aluno brilhante, mas sarcástico, que ajudara o melhor professor de finanças da escola a inventar um novo modelo de gerenciamento de investimentos; o jovem brilhante, embora prolixo, especializado em marketing, era quem dava a última palavra em todas as discussões de classe; supermotivado com sua carreira, filmava suas atuações semanalmente para aperfeiçoar suas habilidades de entrevista. Apesar de esses "gênios" saírem da escola de administração com excelentes empregos — cargos de consultoria na McKinsey & Company e de finanças em respeitados bancos de investimento —, agora eles ocupam cargos gerenciais intermediários ou cargos técnicos nos quais focalizam um pequeno segmento do negócio e estão protegidos das outras pessoas.

Como muitos que trabalharam em empresas americanas por mais de 20 anos, também conheci muitos executivos que eram verdadeiros "rolos compressores". Indivíduos que tipicamente conseguem muitas realizações e se cobram muito, são promovidos regularmente, assumem responsabilidades cada vez maiores e títulos cada vez mais respeitosos. Apesar dos resultados financeiros obtidos, um superior finalmente acaba percebendo que os subordinados e colegas do "rolo compressor" estão reclamando e saindo da empresa com freqüência — e cortam-lhe a cabeça.

E quase todos nós conhecemos alguns "folgados" que mal conseguiram se formar na faculdade, geralmente porque passaram quatro anos se divertindo. Fico sempre surpresa em ver quantos deles agora ocupam altos cargos na direção das melhores empresas do mundo. A maioria desses executivos tem poucas ilusões quanto à própria capacidade intelectual e percebe que foi subindo na hierarquia corporativa por saber trabalhar bem com as pessoas, fazer seu papel com distinção e entrar com ousadia no jogo do processo de seleção.

NÃO É UMA QUESTÃO DE SER ESPERTO

Esses exemplos e muitos outros ressaltam uma realidade simples do atual mundo corporativo: por melhores que sejam suas credenciais e por maiores que sejam suas realizações, elas constituem apenas o requisito mínimo para conseguir um cargo em nível executivo. Você pode ter MBA em Harvard, ser brilhante intelectualmente e ter um registro de projetos bem-sucedidos. Pode ter o cargo certo na hora certa com o chefe certo. Todos esses "fatores de currículo" provavelmente lhe darão acesso a uma sólida posição de comando. Mas, sem o perfil de líder, não é provável que você chegue a uma posição de direção — seja na empresa em que trabalha ou em uma nova organização. De fato, é provável que você esteja estagnado em seu emprego atual, ou até que seja despedido. E isso acontece mesmo em empresas novas, fabricantes de software para computadores, que estão crescendo rapidamente, e em empresas que evitam a pirâmide corporativa.

> *Quanto mais você sobe em uma organização, maior é o conjunto de habilidades que precisa ter. A capacidade técnica do candidato precisa ser inquestionável. Os clientes esperam alguém com boa educação formal, experiência, um registro de sucesso, habilidades interpessoais e carisma. Muitas pessoas são inteligentes o bastante para assumir o cargo de CEO; porém, o que distingue os candidatos que merecem esse cargo é o perfi de líder.*
> CHUCK SWEET, EX-PRESIDENTE,
> A.T. KEARNEY EXECUTIVE SEARCH

Quem já acompanhou uma campanha presidencial nos Estados Unidos sabe que a capacidade de raciocínio e as realizações são apenas o bilhete de entrada para se candidatar às eleições. Energia, força de vontade, aparência, charme e capacidade de comunicação são essenciais à vitória. O mesmo acontece nos negócios. Mas não é fácil definir o que é necessário para ser um líder empresarial. Pesquisadores acadêmicos como Warren Bennis, Jay Conger e Daniel Goleman passaram suas carreiras observando os altos executivos na tentativa de identificar atitudes, comportamentos e capacidades que os diferenciam dos outros seres humanos. Outros consultores têm tentado apontar o que distingue os líderes poderosos dos gerentes comuns, interrogando clientes e funcionários. As conclusões? Um conjunto amplo e conflitante de teorias sobre o pensamento do executivo, suas experiências na infância, inteligência emocional e até um certo misticismo. E algumas táticas que um gerente ambicioso pode começar a aplicar agora para galgar um cargo de liderança.

PORTEIROS DO ESCRITÓRIO DO EXECUTIVO

A função de um consultor não é meramente examinar currículos e selecionar aquele que se encaixa na descrição do cargo. Diz Gerard R. Roche, *chairman* da Heidrick & Struggles e talvez o consultor mais conhecido do mundo: "Qualquer um consegue identificar um profissional com excelente desempenho e comparar um currículo a um conjunto de especificações. A verdadeira arte de procurar talentos consiste em detectar as qualidades intangíveis que farão um candidato conseguir o cargo e se sair bem quando estiver lá". "O perfil de executivo é o ponto crítico que o faz um líder", concorda Dennis Carey, consultor da Spencer Stuart, na Filadélfia.

> *Um currículo é um documento de marketing. É nossa tarefa ir além dele e explorar como o executivo realmente é e o que realmente fez.*
> JOE ONSTOTT, DIRETOR ADMINISTRATIVO,
> THE ONSTOTT GROUP

Consultores como Roche, Carey e Onstott fizeram suas carreiras selecionando e recomendando executivos, de superintendentes a vice-presidentes e CEOs das principais corporações do mundo. Atualmente, com metade de todos os executivos corporativos sendo recrutada de fora das empresas, os *headhunters* têm enviado com sucesso milhares de profissionais para os escritórios de executivos do mundo. Especialistas em ver além do currículo, com atenção aos fatores intangíveis que permitem a um executivo ter sucesso ou fracassar em uma nova situação, os consultores são os porteiros que guardam o escritório do executivo. Eles desempenham um papel fundamental na determinação da qualidade e da eficácia da equipe gerencial de uma empresa.

EXPLORANDO OS MISTÉRIOS

Como vice-presidente de comunicações de uma grande empresa de seleção de executivos que conduz milhares de solicitações de seleção por ano, fiquei fascinada com as comunicações que os consultores usam para exercer seu negócio. Desde quando entrei para a profissão de seleção de executivos, em 1984, os *headhunters* costumavam me pedir ajuda para melhorar o estilo, o formato e o conteúdo de seus "laudos", relatórios de seis a oito páginas para clientes, que resumem as capacidades de um candidato e sua adequação a um cargo. Quantas e quantas vezes eu lia a mesma ladainha: o perfil de líder — e não as receitas geradas, o crescimento atingido, a participação de mercado obtida — era o fator crítico para se avaliar a adequação de um candidato a um cargo. Como qualquer pessoa treinada como repórter, muitas vezes eu me pegava sugerindo que os consultores fornecessem evidências específicas do perfil de líder. Quando comecei a pressionar meus colegas para obter mais detalhes, descobri uma infinidade de fatores fascinantes que, segundo os consultores, afetam a capacidade de liderar demonstrada por alguém.

> *O perfil de líder é uma aura baseada na aparência, modo de vestir, aperto de mão, estilo de comunicação, energia e carisma, que modela as impressões dos outros. O perfil envolve muito mais que a aparência física — você não precisa ser alto, moreno e bonito para ter uma boa apresentação. Confiança, energia e habilidades de comunicação também são fundamentais.*
> JACQUES P. ANDRE, EX-SÓCIO, RAY & BERNDTSON

E assim começou a pesquisa que acabou levando a este livro. Para explorar ainda mais os mistérios do perfil e identificar o que é necessário, além de um currículo brilhante, para se conseguir um cargo de direção, perguntei a 160 dos melhores consultores de altos executivos dos Estados Unidos como eles definem e julgam os atributos intangíveis de um candidato. Meu objetivo: descobrir os critérios que não são tão óbvios, mas que são muito importantes e podem ajudar os gerentes ambiciosos a chegar ao comando e a tornar mais eficazes aqueles que já estão lá.

Este esforço reuniu várias das vertentes profissionais que exerci ao longo de minha carreira. Como jornalista, usei pesquisa de fontes para explorar fatos, reunir evidências e opiniões e fazer um relato. Voltei às minhas raízes profissionais como pesquisadora de mercado para destilar as opiniões de consultores a respeito deste tópico ardiloso. E, devido a minha formação como executiva, estava familiarizada com o processo de seleção e com muitas buscas específicas. Sou privilegiada por conhecer a maioria dos melhores consultores do mundo, que me forneceram com entusiasmo extenso material escrito e depoimentos sobre o perfil de líder.

A VOZ DOS MAIORES CONSULTORES

Os especialistas com quem entrei em contato para dissecar o perfil de líder foram os consultores de executivos citados em *The New Career Makers*, uma lista dos melhores homens e mulheres que trabalham em empresas de recrutamento de executivos, mediante o pagamento de uma taxa. Os consultores citados no livro situam-se entre os 2% e 3% dos oito a dez mil consultores que atualmente praticam *headhunting* nas corporações americanas. Selecionados por seus colegas e por CEOs e altos executivos de recursos humanos das maiores corporações públicas e privadas, empresas de capital de risco, organizações profissionais, comerciais e governamentais, esses consultores não "caçam cabeças" para ter uma recompensa. Eles são pagos, tenham ou não sucesso em encontrar um candidato adequado à posição, apenas pelos empregadores — e não pelos indivíduos que procuram emprego. Com práticas generalistas — poucos se especializam em um único setor —, os maiores consultores concentram-se basicamente em encontrar executivos cuja remuneração anual seja superior a US$ 150 mil. Cada selecionador conduz uma média de 12 a 15 recrutamentos de executivos por ano.

Representando cada região geográfica dos Estados Unidos, e também do Canadá e México, os consultores fornecem uma perspectiva geográfica diferente. A média do grupo é de quase 23 anos de experiência em seleção. Embora o mais jovem tivesse 41 anos na época em que escrevi este livro, muitos continuaram a recrutar depois da idade para se aposentar. Como diz o consultor John Sibbald, que compilou *The New Career Makers*: "Os velhos *headhunters* nunca morrem; eles vivem para discar".

Pedimos aos consultores para completarem um questionário de duas páginas sobre:

- por que o perfil de líder é fundamental para a trajetória de carreira de um gerente;
- quais elementos, traços, fatores e comportamentos constituem o "perfil" de um executivo;
- qual desses fatores é mais crítico para formar o perfil de um indivíduo;
- como diagnosticam e avaliam o perfil do executivo;
- quem tem perfil; e
- se e como os executivos podem melhorar seu perfil.

Os consultores responderam em massa: mais de 125 devolveram os questionários completos. Para reunir estudos de caso e histórias para ilustrar suas perspectivas e recomendações, conduzimos entrevistas aprofundadas com respondentes selecionados. Também complementamos suas contribuições fazendo entrevistas com mais 25 consultores, para explorar o perfil do executivo em detalhes e identificar casos reais em que o perfil foi um fator decisivo para o consultor ou para o cliente.

VOCÊ SABE QUANDO VOCÊ VÊ

De acordo com os melhores consultores, o perfil de líder provavelmente é o fator mais importante em sua capacidade de se tornar um alto executivo. Paul McCartney, presidente da Technology Partners e um dos maiores *headhunters* no setor de alta tecnologia, resume a visão geral dos maiores consultores quando diz: "Raramente me encontro com candidatos para um cargo de CEO se eles não forem plenamente qualificados. A entrevista é feita para avaliar o perfil de líder".

Como a pornografia, é difícil definir o perfil de líder, mas os clientes, funcionários e outros "a identificam quando a vêem". Ninguém pode lhe dizer como medi-la, mas todos são especialistas. Todos têm opinião. E todos estão mais do que dispostos a dar conselhos a quem quiser ouvi-los.

A maioria dos consultores concorda que o perfil tem elementos básicos, mas também é relativo: o grau de confiança, de energia e de outros fatores necessários ao perfil de líder depende do ambiente da empresa. Quando um gerente tem de interagir intensamente com outras pessoas, o perfil se torna uma necessidade fundamental. Em níveis mais altos de uma organização, a diplomacia e a capacidade de influenciar outras pessoas também são importantes, embora sejam menos críticas nos níveis inferiores.

As primeiras impressões são fundamentais. Embora a aparência de um indivíduo e seu modo de vestir influenciem a maneira como é percebido, o perfil envolve mais do que simplesmente a aparência física — você não precisa ser alto, moreno e bonito para ser selecionado. Confiança, energia e habilidades de comunicação são essenciais. Gerentes com perfil se impõem, estendem a mão primeiro, fazem perguntas e demonstram interesse. Na maioria dos casos, falam sem um sotaque regional acentuado. São autoconfiantes e gentis e são capazes de conduzir uma conversa com pessoas de vários níveis. Em geral sabem "bater um bom papo", são letrados, usam citações de líderes de negócios ou de personalidades conhecidas para introduzir, reforçar ou concluir idéias. Tipicamente gregários, buscam oportunidades para estar com clientes, colegas e funcionários de todos os níveis.

Mas a presença envolve mais do que a habilidade para participar de coquetéis. Como investigadores particulares, os consultores procuram evidências sobre tudo o que não aparece no papel, desde pontualidade até habilidades de raciocínio abstrato. De acordo com 160 consultores de altos executivos, o perfil é um conjunto de oito fatores básicos que podem fazer com que um gerente comum e bem-sucedido saia da terra dos cubículos e vá para a sala do conselho:

Fator	Percentual de consultores que indicam que o fator era extremamente importante na determinação do perfil de um candidato a executivo
Foco	93,4
Intelecto	89,5
Carisma	86,9
Habilidades de comunicação	82,9
Paixão	81,7
Adequação à cultura	76,8
Postura	74,5
Aparência	68,1

Foco. Os executivos com perfil de líder são capazes de se concentrar em uma idéia, pessoa ou tarefa em mãos. Comprometidos com o longo prazo e com o "quadro geral", raramente se distraem de seus afazeres com obstáculos, interrupções ou para "apagar incêndios", os quais constituem uma grande parte da rotina diária de qualquer administrador.

Intelecto. A capacidade que um executivo tem de ver um problema, decisão ou uma oportunidade em um contexto mais amplo e vê-los de várias perspectivas é um fator crucial para seu perfil de executivo. Os executivos com perfil geralmente são estudiosos que compilam teorias complexas, montanhas de dados e situações emocionais complicadas, e propõem soluções com facilidade.

Carisma. Refere-se principalmente à inteligência emocional de um executivo, à sua capacidade de demonstrar autoconfiança, vigor e compromisso enquanto parece estar interessado, atento e preocupado.

Habilidades de comunicação. Para os consultores — e para muitos dos conselhos de diretoria que contratam altos executivos —, a maneira como os executivos dizem algo muitas vezes é mais importante do que o que dizem. Os executivos com perfil de líder têm uma forma de simplificar o que é complexo, de reduzir um conceito intrincado a um esquema de uma página e de apresentar uma idéia, questão ou diretiva com simplicidade, humor e sinceridade.

Paixão. Não há líderes relutantes: os CEOs e os executivos de nível sênior mais eficazes querem um cargo de diretoria e o querem com vontade. Demonstram um nível de energia extraordinariamente alto. Muitos consultores dizem que os melhores administradores são — ou agem como se fossem — apaixonados pela empresa.

Adequação à cultura. Os executivos com perfil de líder não se concentram apenas no resultado financeiro: têm uma noção clara dos valores de sua organização, de comportamentos operacionais e das atitudes diante de mudanças, e aplicam esses fatores quando executam suas atividades na organização.

Postura. Executivos com perfil de líder são socialmente adaptados. Têm boas habilidades sociais básicas e mantêm uma postura tranqüila em praticamente todas as situações de negócios.

Aparência. Os altos executivos são alvo de atenção constante. Além de fazerem seu papel, devem agir de acordo com ele. Nos Estados Unidos, isso significa adotar o modo de vestir e a aparência da classe média alta.

PERFIL DE LÍDER — O QUE NÃO É

Embora os consultores conheçam bem o conceito do perfil de líder, muitos dos executivos, jornalistas e outros que consultei enquanto escrevia este livro estavam um pouco confusos quanto ao termo. Alguns pensavam que significava inteligência emocional, química, estilo gerencial ou até mesmo caráter. Alguns ficavam curiosos sobre como os consultores mediam o perfil de líder, dado o tempo e o acesso limitados que costumavam ter ao registro de emprego de um candidato e ao estilo pessoal dele. Outros não entendiam como o perfil de líder tinha valor se não havia uma base empírica, nem um sistema quantitativo para medi-la.

Os consultores deixaram muito claro que o perfil de líder não é simplesmente um dos seguintes fatores:

Inteligência emocional, um conceito introduzido por Daniel Goleman em seu livro de referência de 1996, de mesmo nome, refere-se à capacidade que as pessoas têm de perceber seus próprios sentimentos e os dos outros, motivando-se e gerenciando as emoções em si mesmas e em seus relacionamentos. De acordo com Goleman, a inteligência emocional é distinta, mas complementar à inteligência acadêmica ou às capacidades cognitivas medidas pelo QI. Muita gente que tem conhecimentos teóricos, mas não tem inteligência emocional, acaba trabalhando para pessoas com QIs mais baixos, mas que se destacam nas habilidades de inteligência emocional. Um alto nível de inteligência emocional é apenas um aspecto muito importante do perfil do executivo.

Estilo gerencial é a reunião de táticas e comportamentos que os líderes ou gerentes utilizam para levar suas organizações ao sucesso. O estilo gerencial é ditado pela situação da empresa, que inclui a dinâmica do mercado, a posição competitiva da empresa, suas capacidades humanas e técnicas, a cultura, a estrutura de custo, a herança e o futuro. Muitos modelos de estilo gerencial têm sido criados desde que a administração se tornou uma disciplina, na década de 30.

O estilo gerencial pode ser, mas não é necessariamente, uma extensão da personalidade de um gerente. De fato, muitos dos líderes de maior sucesso têm adotado uma abordagem que os força a ir além de suas inclinações naturais. Dana Mead, ex-CEO da Tenneco de fala mansa e contida, teve de adotar um estilo de liderança de um agente de mudança rigoroso, para tirar a diversificada empresa de US$ 3 bilhões de um sistema de distribuição de capital altamente politizado e de um programa de remuneração que premiava metas insignificantes. Abraham Lincoln — um homem modesto e despretensioso a ponto de escrever "Não me considero apto para a Presidência" — tirou os Estados Unidos de sua maior crise.

O perfil de líder transcende o estilo gerencial porque proporciona a um executivo uma credibilidade essencial e a força necessária para gerenciar usando um estilo específico.

Caráter, de acordo com livros de psicologia, é o termo referente aos aspectos motivacionais da vida mental de uma pessoa que fornecem a energia ou a força propulsora para seu comportamento. Esses aspectos podem ser inatos ou adquiridos com a experiência. De acordo com o lendário consultor Russell Reynolds, caráter é o mecanismo pelo qual uma pessoa toma decisões e distingue o certo do errado.

Aspectos selecionados do caráter de alguém — energia e paixão, por exemplo — são componentes básicos do perfil. O caráter também influencia outros fatores do perfil de líder, como as habilidades de comunicação, o intelecto e a postura. O caráter não está relacionado a uma variável fundamental do perfil do executivo: a aparência.

A *adequação à cultura*, ou o alinhamento entre a forma de agir do executivo e "como as coisas são feitas por aqui", é, como a inteligência emocional, apenas um aspecto do perfil de líder.

A *química* se refere à conexão estabelecida com a diretoria da organização ou com o gerente de contratação. Como vários consultores insistem, as empresas não contratam executivos, as pessoas é que os contratam, e é mais provável que ofereçam um emprego a candidatos que reflitam sua própria imagem e tenham pontos de vista, abordagens gerenciais e experiências semelhantes. Mesmo os executivos com excelentes habilidades pessoais e inteligência emocional podem não ter afinidade com os membros da diretoria ou da administração da empresa — particularmente um indivíduo exigente ou difícil.

A química é o elemento não controlável da seleção do executivo. Em geral, por ser o fator que decide quem vai conseguir o emprego, a química não é um problema até que os requisitos fundamentais — experiência, realizações e perfil — sejam preenchidos. "Às vezes, a química pode ser 95% no nível gerencial sênior", diz Rod Monahan, um ex-consultor da D. E. Foster Partners, atualmente na TNS Partners.

Cada um dos 160 consultores que contribuíram para *Como Conquistar uma Ótima Posição de Gerente ou Executivo* tinha um conjunto distintivo de lições a oferecer a executivos ambiciosos. Mas todos concordam com uma coisa: o sucesso em um cargo gerencial requer mais do que um currículo de primeira. Os exemplos e estudos de caso apresentados neste livro destacam uma realidade simples do mundo atual dos negócios: os líderes de hoje oferecem mais do que inteligência inata, conhecimento especializado e fundamentos sobre negócios. E, para os consultores que atuam cada vez mais como porteiros dos escritórios de executivos das corporações americanas, o perfil de líder é a pedra fundamental para determinar o potencial administrativo.

Este livro resume *insights*, perspectivas e "histórias de guerra" desses consultores.

3
GERENCIANDO SUA CARREIRA: AS NOVAS REALIDADES

Mesmo que estejam satisfeitos com seus empregos atuais, os executivos, em sua maioria, ficam atentos às ofertas de empregos, para se manter a par das oportunidades.

Antes do *downsizing* e da reestruturação, as empresas buscavam funcionários vitalícios com um alto grau de compromisso com a empresa. Por sua vez, os executivos acreditavam que seus empregadores os ajudariam a desenvolver seu perfil de executivo, a estimular o crescimento de suas carreiras e a proteger seu cargo. Em 1965, na era do *Company Man*, o CEO costumava passar, em média, 15 anos em uma organização. Como pedras preciosas, os executivos eram lapidados pelo seu ambiente ao longo do tempo. As empresas promoviam seus funcionários, e toda a sua equipe gerencial vinha dos executivos que treinavam.

Cresci em Bethlehem, Pensilvânia, na década de 60, quando a grande empresa na cidade era a Bethlehem Steel, que era uma empresa internacional gigantesca e poderosa, com 300 mil funcionários e operações industriais em todo o país. Como as maiores empresas daquela época, "The Steel" costumava desenvolver executivos com perfil. O exaustivo programa de treinamento de executivos da empresa, "The Loop", contratava recém-formados diretamente das escolas da Ivy League e das melhores universidades estaduais, e os transformava em executivos com carisma, energia, foco e todos os outros fatores que constituíam o perfil dos executivos em The Steel. Os funcionários que sobreviviam aos 18 meses de aulas de treinamento e estágios práticos em várias operações industriais se consumavam como *insiders* que conheciam os pontos fortes e fracos da organização, vestiam-se, andavam, conversavam e comiam como membros da alta administração.

As poucas empresas cujos programas de treinamento não produziam o talento gerencial necessário contavam com a velha rede de referências — a seleção informal feito por meio de colegas de classe, agremiações estudantis ou clubes sociais.

TRÊS ANOS E MEIO EM CADA EMPRESA

No final da década de 60, nem a promoção interna nem a velha rede de referências poderiam gerar candidatos suficientes para preencher o número crescente de vagas para posições de direção necessárias nas empresas em expansão. O rápido crescimento forçou as empresas a roubar executivos de concorrentes, alimentando o crescimento acentuado das agências de recrutamento de executivos. "Os executivos passam de três a quatro anos em uma empresa hoje em dia", diz Chip McCreary, *chairman* da Austin-McGregor International, uma pequena empresa de recrutamento de executivos.

A reengenharia, o *downsizing* e a consolidação da indústria do final da década de 80 mudaram fundamentalmente a maneira como as organizações planejam a sucessão gerencial e praticamente eliminaram a tradição do treinamento gerencial interno. Com poucas exceções, as empresas abandonaram a tradição de desenvolver seu próprio talento para liderança. Mesmo a IBM e a Coca-Cola — que já foram paradigmas de treinamento e desenvolvimento de executivos — agora adquirem uma parcela significativa de seus executivos no mercado aberto.

VOCÊ ESTÁ POR SUA PRÓPRIA CONTA

À medida que entramos no século XXI, as corporações americanas exigem um conjunto paradoxal de requisitos do gerente com ambição para assumir os cargos mais altos. As empresas querem executivos com currículos excelentes, perspectivas de longo prazo e perfil de líder. Ao mesmo tempo, estão cada vez menos dispostas a fornecer o treinamento e o desenvolvimento de longo prazo necessários para se forjar o perfil genuíno. Atualmente, as empresas tendem a buscar executivos de fora por meio de serviços de consultores de executivos e, cada vez mais, pela Internet.

A má notícia é que agora os executivos têm de desenvolver o perfil de líder por si próprios. Com o executivo médio mudando de empresa mais de seis vezes durante sua carreira, a alta rotatividade entre os executivos é uma constatação, e a maioria dos gerentes percebe que o gerenciamento defensivo de carreira é uma necessidade para a sobrevivência econômica.

QUEM É O EXECUTIVO TÍPICO?

Quando chefiei as comunicações internas e o marketing da Ray & Berndtson, empresa de seleção de executivos, conduzi uma série de estudos de pesquisa de opinião sobre mais de 1.800 executivos junto com o Center for Advanced Human Resources, da Cornell University. O objetivo? Explorar como os executivos seniores estavam administrando suas carreiras. A amostra representava um apanhado de gerentes bem-sucedidos de nível médio e sênior nos Estados Unidos, e o respondente médio era contratado por uma empresa com mais de US$ 200 milhões em vendas anuais e mais de 800 funcionários. Com uma remuneração anual média de US$ 187.400, seu cargo ficava aproximadamente dois níveis abaixo do CEO da empresa e ele estava na empresa, em média, havia seis anos. O executivo típico tinha conquistado oito promoções e recebido sua última promoção 3,3 anos antes.

Apesar da cruel programação de trabalho, que exigia que passassem em média 4,5 noites por mês fora de casa, 60% dos executivos diziam estar satisfeitos com seus empregos. Muito da satisfação devia-se ao sucesso da empresa: a taxa média de crescimento anual de suas organizações era de 15% em cada um dos últimos três anos, e os executivos diziam que suas empresas haviam atingido 63% dos objetivos estratégicos. Mais da metade dos executivos descrevia como bons os ambientes de negócios de suas empresas.

O trabalho é essencial para a auto-imagem da maioria dos executivos. Quase dois quintos dos respondentes disseram que o trabalho era o aspecto mais importante de suas vidas, seguido da família. O lazer e a religião costumavam ser fatores de baixa prioridade, bem como a comunidade, refletindo o afastamento geral da classe média alta das organizações voluntárias e de caridade.

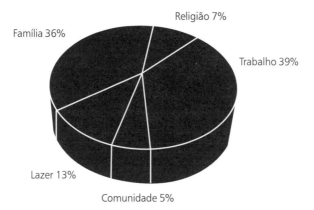

ESTRESSE NO TRABALHO

Os executivos de hoje lidam com uma carga emocional mais pesada. Desde meados da década de 90, os níveis de estresse entre gerentes subiram, em média, de 25% a 30%, e os 1.880 executivos pesquisados relataram 16 fatores que causam estresse considerável ou elevado:

Fator de estresse no trabalho	Executivos que dizem que o fator causa um estresse considerável ou elevado
Grau em que a política, e não o desempenho, afeta as decisões da organização	48%
Minha falta de estabilidade no emprego	31%
Grau de estagnação percebida em minha carreira	26%
Número de projetos e atribuições que tenho	26%
Quantidade de procedimentos burocráticos pelos quais tenho de passar para conseguir fazer meu trabalho	26%
Pressões que sofro para ser mais rápido	25%
Volume de trabalho que deve ser realizado no tempo disponível	25%
Quantidade de tempo que gasto em meu trabalho	22%
Quantidade de tempo que gasto em reuniões	22%
Demandas conflitantes de meu cargo	22%
Capacidade de entender claramente o que esperam de mim no trabalho	16%
Número de telefonemas e visitas ao escritório que recebo durante o dia	15%
Oportunidades de desenvolvimento de carreira que tenho recebido	15%
Escopo de responsabilidade que meu cargo envolve	14%
Quantidade de responsabilidade que tenho	13%
Quantidade de viagens que preciso fazer	13%

ALTAS ASPIRAÇÕES, REALIDADE DECEPCIONANTE

Os executivos buscam situações de emprego em organizações que proporcionam o maior sucesso de carreira. Acreditam que as empresas que são voltadas para o mercado, inovadoras, orientadas por resultados e respeitáveis proporcionam uma cultura na qual podem prosperar. Entretanto, muitos acham que a cultura da empresa em que trabalham não corresponde ao ideal quanto aos seguintes atributos:

Percentual de respondentes que indicaram que o atributo representa sua:

	Empresa ideal	Empresa atual
Voltada para o mercado	73	53
Inovadora	65	32
Orientada por resultados	61	63
Respeito pelas pessoas	54	33
Orientada pela equipe	45	30
Agressiva	38	46
Muda continuamente	23	47
Estável	12	26
Orientada por detalhes	7	40

A satisfação do executivo é diretamente proporcional a sua adequação à cultura.
A busca de emprego é inversamente proporcional à sua adequação à cultura.

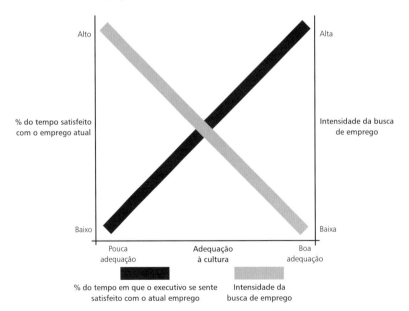

Não é de surpreender que, quanto maior a diferença entre a situação ideal e a atual, maior será a probabilidade de os executivos estarem insatisfeitos e procurarem novos empregos. De fato, a discrepância entre o atual e o ideal corresponde a mais de 60% do nível de satisfação dos executivos no emprego e de sua intenção de sair da empresa atual.

NINGUÉM DEIXA DE ATENDER UM TELEFONEMA

Desde 1995, tem havido uma mudança fundamental no modo como os executivos vêem suas carreiras. Costumava ser difícil tirar um executivo de uma posição corporativa sênior. Agora, como muitos consultores dizem: "Ninguém deixa de atender um telefonema de um consultor". Por quê? Porque todos sabem que é a maneira mais rápida de avançarem na carreira.

Nossa pesquisa constatou que:

Os executivos trabalham mais do que gostariam. À medida que as corporações contratam e se reestruturam, os executivos têm menos subordinados e são menos capazes de delegar trabalho. Passam mais tempo no escritório e também estão lidando com uma carga emocional mais pesada. A maioria dos gerentes trabalha uma média de 57 horas por semana, nove horas a mais do que desejam. Por outro lado, estão dedicando menos tempo do que gostariam a seus filhos e a atividades de lazer.

Os executivos estão menos comprometidos com sua empresa atual, embora estejam basicamente satisfeitos e recebendo aumentos e promoções. Esses executivos foram perceptivos o suficiente para perceber que o antigo contrato social — faça um bom trabalho e você será promovido — entre empresas americanas e seus executivos havia expirado. Hoje, nem a fidelidade incondicional nem a realização de um bom trabalho é garantia de emprego, muito menos de promoção. Incapazes de contar com suas empresas para terem um emprego permanente, quase três de cada dez executivos pesquisados disseram que deixariam seus cargos atuais assim que encontrassem algo melhor.

> As empresas já não podem contar apenas com a fidelidade do funcionário como ferramenta de retenção, porque há oportunidades e incentivos abundantes fora delas.
>
> JEFFREY E. CHRISTIAN, *CHAIRMAN* E CEO, CHRISTIAN & TIMBERS

Os executivos estão se mobilizando mais para mudar de emprego. Embora a maioria dos executivos esteja relativamente satisfeita e afirme ter oportunidades de promoção, eles estão explorando o mercado de trabalho mais ativamente do que o faziam cinco anos atrás. Mais de três quartos dos 1.800 executivos pesquisados revisaram seus currículos, enviaram para um empregador ou fizeram uma entrevista de emprego com um consultor de executivos ou com um gerente de contratação em outra empresa. A maioria dos executivos também gastou várias horas por semana procurando novos cargos e contatou 29 empresas sobre possíveis oportunidades de emprego.

Aqueles que têm alto desempenho são muito procurados no mercado. Apesar da reengenharia e do *downsizing*, as empresas estão buscando ativamente novos talentos administrativos. Na pesquisa da Cornell, três quartos dos executivos acreditavam ter possibilidades de um emprego alternativo. Os executivos pesquisados dizem que são procurados por seis empresas todos os anos e recebem, em média, uma oferta de emprego.

A maioria dos executivos pratica ativamente o "gerenciamento defensivo de carreira". À medida que as corporações americanas continuam a fazer o *downsizing*, eliminando funcionários de todos os níveis em prol da produtividade e da lucratividade, os executivos adotaram uma posição mais agressiva quanto ao gerenciamento de suas próprias carreiras. Três quartos dos executivos pesquisados disseram que tentam se manter a par das alternativas de emprego — mesmo não tendo interesse em mudar de cargo. Quase 80% fazem isso como parte de sua "estratégia de gerenciamento de carreira". Os resultados da pesquisa confirmam que o gerenciamento individual da carreira agora é uma prática disseminada e sistemática, e que os executivos gastam uma parte significativa de seu tempo conduzindo sua própria carreira.

Táticas de busca de emprego dos executivos

E a maioria dos executivos deixou de ser um sonhador passivo, esperando que um consultor entre em contato. De fato, a pesquisa de Cornell, na página seguinte, mostra que a maioria dos executivos explora ativamente o mercado de trabalho.

A SELVA DA CARREIRA: DEVORAR OU SER DEVORADO

As pressões das corporações americanas nunca foram tão intensas. À medida que as empresas fazem *downsizing*, se dividem e se fundem, os executivos que permanecem — mesmo no nível administrativo sênior — têm mais estresse e menos compromisso com seu atual empregador. A maioria deles entrou veladamente no mercado de trabalho para se manter a par das oportunidades. Mas, embora nos Estados Unidos o índice de desemprego despenque e a rotatividade gerencial aumente, conseguir um novo cargo de executivo não ficou mais fácil. Os consultores de executivos controlam o acesso à maioria dos cargos de executivos nas corporações americanas e, cada vez mais, no mundo. Para qualquer um que leve realmente a sério um novo emprego de executivo, é bom entender como os consultores trabalham, o que procuram e como julgam suas competências objetivas ou subjetivas — conhecidas como perfil de líder.

Atividade de exploração de emprego	Executivos no ano passado
Revisaram o currículo	78%
Leram ofertas de empregos em jornais/revistas	76%
Enviaram currículos a um empregador potencial	69%
Foram a uma entrevista de emprego	64%
Conversaram com amigos e parentes sobre querer um novo emprego	63%
Conversaram com colegas de trabalho sobre um emprego em outra organização	45%
Iniciaram contato com uma empresa de seleção para obter um emprego com outro empregador	45%
Telefonaram para um empregador potencial para obter informações sobre emprego	40%
Leram um livro sobre como conseguir um novo emprego	33%
Procuraram se transferir para um novo emprego dentro de suas organizações	22%

4
QUANDO O *HEADHUNTER* TELEFONA

Ao fornecerem ao consultor as informações de que ele precisa em cada fase da seleção — e no formato desejado —, os aspirantes a executivos aumentam significativamente suas oportunidades.

A seleção de executivos não é algo de outro mundo. Em princípio, é um serviço pago para roubar talentos gerenciais de outras empresas. No seu aspecto mais requintado, é um serviço profissional que pode ajudar as empresas a:

- definir o tipo de talento gerencial de que precisam para uma situação específica;
- aconselhá-las sobre a disponibilidade desse talento no mercado;
- recomendar candidatos potenciais que se encaixem na solicitação;
- guardar com discrição o interesse confidencial dos mais qualificados na troca de emprego.

Há dois tipos de empresa de seleção de executivos: as empresas de contingência, que cobram do cliente somente se e quando preenchem um cargo, e as empresas que cobram uma taxa (*retained firms*), ou seja, que exigem o pagamento independentemente do resultado da seleção. Os processos que essas empresas conduzem para identificar e recomendar candidatos são bem diferentes. As empresas de contingência trabalham rapidamente para reunir currículos e passá-los aos seus clientes, sem selecioná-los nem verificar referências. As empresas que cobram taxa reúnem um grupo de candidatos pré-selecionados, com as referências comprovadas, antes de apresentá-los ao clientes, um a um ou em bloco. Os consultores que cobram taxa lidam com a maioria das solicitações de executivos para o nível sênior — que pagam US$ 100 mil ou mais. A distinção entre esses dois tipos de empresa nem sempre é clara. Algumas empresas que cobram taxa aceitam solicitações de contingência e, por sua vez, as empresas de contingência às vezes cobram ilicitamente taxas dos clientes.

ENCONTRANDO O TALENTO GERENCIAL — COM RAPIDEZ

As empresas pagam aos consultores para encontrar executivos com rapidez. A maioria das solicitações de recrutamento é completada — com o envio de uma oferta a um candidato — 120 dias a partir da data em que o consultor "o escolhe", de acordo com Scott Scanlon, editor da *Executive Search Review*. As dez primeiras semanas de qualquer seleção geralmente são dedicadas a definir o cargo, identificar centenas de possíveis candidatos e reduzir para dez a vinte candidatos prováveis que são selecionados por telefone.

Isso significa que o consultor tem cerca de três semanas para entrevistar pessoalmente de quatro a seis dos candidatos com melhores qualificações, explorar seus currículos e avaliar suas personalidades, inteligência e "química" com o cliente. A maioria dos consultores apresenta de quatro a seis desses candidatos a seus clientes, acompanhados ou precedidos de longos "laudos" que documentam o histórico profissional do candidato, as realizações e os atributos pessoais — e que avaliam sua adequação às "especificações" da posição.

Os consultores de executivos, em sua maioria, não questionam acadêmicos e consultores que têm liderança comprovada. Mas, dadas as pressões de tempo para identificar, recrutar e recomendar executivos talentosos para empresas necessitadas, os consultores não têm tempo, inclinação nem permissão para conduzir testes psicológicos ou preparar análises longitudinais complexas.

A seleção não é um processo barato. A taxa cobrada por uma única seleção é de um terço da remuneração do candidato no primeiro ano — salário-base, bonificação, bônus de admissão e opções de compra de ações da empresa. Para recrutar um executivo cuja remuneração básica e bonificações totalizem US$ 300 mil, a empresa de recrutamento recebe US$ 100 mil. Freqüentemente, os clientes podem negociar uma porcentagem mais baixa se fizerem várias solicitações à empresa de seleção. O ambiente extremamente competitivo de hoje tem disseminado toda gama de empresas, inclusive aquelas que cobram um sinal, mas só cobram o valor total quando o candidato começa a trabalhar.

Quer façam pesquisas simples ou elaboradas, quase todas as empresas de seleção trabalham seguindo cinco etapas básicas:

1. Coletar informações sobre a necessidade do cliente e documentá-las, elaborando uma descrição do cargo.
2. Identificar candidatos potenciais e qualificá-los por meio de seleção por telefone.
3. Entrevistar candidatos pessoalmente.
4. Apresentar ao cliente uma avaliação por escrito de candidatos recomendados.
5. Verificar referências.

Os consultores de executivos são pessoas ocupadas. Normalmente, estão sempre lidando com meia dúzia de recrutamentos e tentando vender novos negócios. As empresas que cobram uma taxa e são remuneradas pelas solicitações que recebem — e não por atribuições completadas —, estão sempre tentando "pegar" novas atribuições. Embora a maioria dos consultores saiba que um cliente satisfeito é a melhor fonte de novos negócios, muitos acreditam que possa haver escassez de oportunidades, o que os motiva constantemente a procurar novos clientes e novas seleções. Como resultado, os candidatos que facilitam a vida de um consultor vão logo para o alto da lista de recomendados — desde que as qualificações básicas sejam atendidas. Ao fornecerem ao consultor as informações de que ele precisa em cada estágio da seleção — e no formato desejado —, os aspirantes a executivos podem conquistar a simpatia do *headhunter* e melhorar significativamente seu posicionamento entre os candidatos.

FASE 1: O QUE O CLIENTE QUER?
A seleção de executivos começa quando um consultor se reúne com uma empresa cliente para "pegar" uma atribuição. Se o cliente for novo, o consultor gastará tempo — freqüentemente horas — com o gerente de contratação, com o executivo de recursos humanos e com outros da organi-

zação. O objetivo? Reunir informações suficientes sobre a situação estratégica da empresa, a cultura corporativa, as relações de subordinação e os objetivos e responsabilidades específicos para preparar uma descrição do cargo.

A especificação do cargo

A especificação do cargo fornece instruções por escrito para o preenchimento do cargo de executivo e atende a várias finalidades. Para os candidatos, ela:

- Fornece informações sobre a empresa cliente, suas competências específicas, pontos fortes e fracos, direcionamento estratégico e cultura.
- Descreve o cargo, suas principais funções, o papel dentro da organização, responsabilidades e o âmbito de controle.
- Detalha a experiência, os conhecimentos específicos, as qualificações, a formação acadêmica e os fatores intangíveis *exigidos* de qualquer candidato considerado para o cargo.
- Detalha a experiência, as qualificações, a formação acadêmica e os fatores intangíveis *desejados* para qualquer candidato considerado para o cargo.
- Funciona como um modelo para a análise escrita que o consultor fornecerá para cada candidato que enviar ao cliente para uma entrevista pessoal.

Smith and Jones Executive Search Associates
ESPECIFICAÇÃO DE CARGO CONFIDENCIAL

CARGO	Vice-presidente sênior de marketing
EMPRESA	Uma importante empresa de consultoria, certificação e contabilidade, amplamente respeitada por atender clientes de todos os tamanhos e representar um amplo *mix* de setores. Com quase US$ 9 bilhões em receitas globais geradas por meio de escritórios localizados em 150 países, nosso cliente trabalha com muitas das melhores empresas de hoje. As receitas operacionais de US$ 3,8 bilhões nas empresas americanas representam um aumento de 27% em relação ao ano anterior. As receitas de certificação e de contabilidade cresceram 13% e 21%, respectivamente, durante o mesmo período. A empresa está esperando mais de 30% de crescimento para o ano fiscal de 1999. Os profissionais de nosso cliente são impulsionados por uma ambição singular: eletrizar clientes, apresentando-lhes soluções bem-sucedidas, de ponta, para operarem seus negócios, elevando, assim, seu nível de desempenho e resultados. Por isso, a organização deseja ter uma unidade de marketing que reflita a imagem de categoria internacional da empresa.

RELAÇÕES DE SUBORDINAÇÃO	O vice-presidente de marketing gerencia seis vice-presidentes assistentes e se reporta ao vice-presidente executivo de marketing e vendas. Além disso, essa posição terá relações de subordinação significativas com a equipe de liderança gerencial (sócios-gerentes da área), líderes da equipe de receita, sócios-gerentes do escritório e todos os líderes de produtos e serviços.
FORMAÇÃO ACADÊMICA	Os candidatos devem ter formação universitária, de preferência em marketing ou em comunicações. Exige-se MBA em marketing.
REQUISITOS	O candidato bem-sucedido deve ter de 10 a 15 anos de experiência em marketing ou comunicações, com responsabilidades progressivas, e uma experiência significativa no nível administrativo. O indivíduo deve projetar grande credibilidade profissional, elevada ética pessoal e uma apreciação das ramificações estratégicas de suas decisões. O líder com iniciativa — que assume responsabilidades — que buscamos deve ser visto como trabalhador, objetivo, brilhante e realista, com uma capacidade de conquistar o respeito dos sócios e gerentes dentro da empresa; alguém que seja tanto orientado para as realizações quanto para o desempenho. O candidato deve ter capacidade de trabalhar bem em uma organização altamente integrada, em que a mudança ocorre freqüentemente; deve oferecer resultados para e por meio de muitos líderes organizacionais com demandas e prioridades variadas; atuar em um ambiente em que as atividades de marketing terão um impacto mensurável em todo o desempenho financeiro da empresa e um efeito positivo no mercado. O candidato deve ser capaz de dar o verdadeiro valor a engajamentos com clientes e criar valor para as empresas clientes e seus consumidores. A experiência no setor de serviços é altamente valorizada, mas não exigida para este papel. Contato anterior com grandes empresas de serviços profissionais é desejável. A capacidade de viver os valores essenciais da organização — comunicação aberta e franca —, assumir responsabilidade pessoal, ter forte liderança, amplos conhecimentos, trabalhar em equipe e ter um estilo colaborador é extremamente importante. Além disso, propiciar um ambiente em que exista um diálogo aberto e construtivo na elaboração de soluções para os clientes, internos ou externos, é vital.
RESPONSABILIDADES	O candidato bem-sucedido será diariamente responsável por uma equipe de 15 a 20 gerentes e funcionários que abrangem uma ampla variedade de áreas relacionadas ao marketing. Uma visão geral da implementação regional de programas nacionais de marketing será uma preocupação básica do vice-presidente sênior de marketing. A participação em uma equipe nacional que dê contribuições para o desenvolvimento de estratégias que levem a programas nacionais é essencial e esperada. Ao trabalhar de perto com os vários líderes de produtos e serviços de linha e com líderes do setor, o vice-presidente sênior de marketing vai adquirir o conhecimento necessário a respeito do direcionamento estratégico da prática para fornecer um adequado suporte de marketing . O vice-presidente sênior de marketing também será encarregado de aconselhar os sócios e gerentes quanto ao desenvolvimento tático de programas de marketing para alcançar o público-alvo, em um esforço

de expandir tanto as ofertas quanto o alcance dos serviços da empresa. Esse desenvolvimento de estratégias locais começará com o desenvolvimento de um relacionamento com os clientes e continuará por meio da venda de serviços relacionados a engajamento.

Além dessas responsabilidades citadas, o candidato bem-sucedido precisará:

Formar e gerenciar uma equipe regional de marketing com energia, impulso e foco para atingir as expectativas de lucro da empresa na região. Isso inclui liderança na contratação, no treinamento e na retenção de funcionários fundamentais de marketing.

Criar uma cultura que enfatize o compromisso com os valores essenciais da organização, em que os resultados e as atividades serão pontuais, focados, desenvolvidos em um ambiente de colaboração, com a máxima dedicação à qualidade.

Fornecer direcionamento estratégico e implementar a liderança nas atividades de relações públicas e com a comunidade nos vários escritórios da região, inclusive relações com profissionais recém-formados e instituições de caridade.

Gerar design criativo e implementar idéias para programas de vendas, programas de gerenciamento de eventos e iniciativas de gerenciamento regional de marcas. Isso inclui a supervisão da implementação do marketing de campo, quando necessário.

Desenvolver e gerenciar o orçamento de marketing por área, supervisionando e controlando os recursos da empresa. Assegurar um processo dinâmico de planejamento para distribuir o capital com eficiência e eficácia.

Construir relações de marketing entre cada uma das unidades de prática, a fim de criar e manter uma imagem consistente de empresa de categoria internacional.

QUALIDADES PESSOAIS — Nosso cliente está buscando um pensador estratégico altamente analítico, com boas habilidades para ouvir e se comunicar. Além disso, a posição requer um indivíduo que tome iniciativas consideráveis para gerar novos produtos e suas embalagens, bem como para trabalhar com profissionais de vendas e de marketing.

REMUNERAÇÃO — Nosso cliente está preparado para oferecer um pacote de remuneração atraente baseado no nível de realização, mais elegibilidade a bônus. Além disso, a empresa oferece um excelente pacote de benefícios ao funcionário. Se necessário, será fornecido um pacote de transferência.

FASE 2: IDENTIFICANDO E QUALIFICANDO CANDIDATOS POTENCIAIS

O consultor que recebe a solicitação pode não ser o mesmo que lidará com o trabalho mais pesado: identificar e qualificar um conjunto de candidatos que atendam às "especificações" da posição. Essa tarefa freqüentemente é feita por funcionários menos graduados, que passam horas procurando na Internet ou ao telefone para gerar uma lista de 15 a 20 indivíduos que atendam aos requisitos básicos "comprováveis" do cargo: anos de experiência, conhecimentos específicos sobre o setor etc.

A menos que você seja um alto executivo em uma importante empresa de capital aberto, é provável que fique sabendo da vaga por um telefonema de um funcionário, que também será responsável por qualificar suas habilidades e encaminhá-lo. Você será informado de que a empresa está conduzindo uma seleção para preencher o cargo, receberá uma ampla descrição do cliente da empresa e do cargo em questão e lhe perguntarão se você conhece alguém que possa se interessar — uma indireta para que você se apresente como interessado.

A seleção por telefone

Se você demonstrar interesse, o consultor o selecionará pelo telefone, solicitando seu currículo ou analisando seu histórico profissional, suas principais realizações e sua formação acadêmica. Nesse estágio, a empresa de seleção está preocupada com os requisitos básicos. Eles o ouvirão atentamente para identificar sua postura, seus modos e suas habilidades de comunicação.

O envio imediato de um currículo, por fax, é alvo de debate entre os consultores. Manter um currículo atualizado é prudente e de bom-senso, de acordo com David R. Peasback, *chairman* e CEO da agência de consultoria de seleções de executivos Canny, Bowen Inc. Até cinco a dez anos atrás, os consultores viam com certa suspeita um indivíduo que se oferecesse para enviar um currículo atualizado por fax ou correio diante de qualquer solicitação, ou mesmo sem solicitação. "Era um possível sinal de cautela, indicando que o indivíduo talvez estivesse em condições instáveis em sua atual empresa ou já estivesse engajado na procura ativa, embora discreta, de emprego", diz Peasback. Mas, com toda essa agitação na vida corporativa nos últimos anos, atualmente é mais provável que os consultores vejam um currículo atualizado como prático. "Os consultores geralmente trabalham sob enorme pressão, tentando preencher uma vaga com rapidez; eles gostarão de receber um currículo pronto, com dados sobre sua formação e suas realizações, em vez de ter de extrair todas essas informações em uma longa conversa ao telefone", aconselha Peasback.

O debate sobre o currículo

Por outro lado, a maioria dos consultores e clientes sente-se mais à vontade com candidatos bem empregados que não estão procurando emprego, de acordo com Skott Burkland, presidente da Skott/Edwards Consultants. "Nos Estados Unidos, ao contrário da Europa, poucos indivíduos satisfeitos, seguros e bem empregados mantêm um currículo atualizado. Eles podem ter uma biografia de um parágrafo, mas raramente têm um currículo completo." "Aqueles que têm suas credenciais prontas para enviá-las a um consultor são os que já estão procurando ou pensando em uma mudança de emprego", diz Burkland. "E, quanto mais alto o cargo, mais provável que esse seja o caso. Qualquer pessoa que me envie imediatamente um currículo atualizado me faz pensar por que está procurando emprego."

Talvez a melhor estratégia seja pedir ao consultor para enviar-lhe uma cópia da especificação do cargo antes de enviar seu currículo. Dessa forma, você terá chance de refletir se está mesmo interessado no cargo, mesmo que seja por um dia, e adequar seu currículo a ele. Além disso, evitará demonstrar muita ansiedade. Mesmo que o consultor esteja com pressa, uma espera de 24 horas geralmente não o excluirá da seleção.

Depois que oito a dez indivíduos são selecionados, o consultor e seu assistente marcam uma entrevista pessoal com os quatro a seis que apresentarem as melhores qualificações para o cargo.

FASE 3: A ENTREVISTA PESSOAL

Nos Estados Unidos, à medida que as taxas de desemprego atingem baixas históricas e os gerentes passam mais rápido que nunca pelas portas giratórias das corporações americanas, as empresas são muito pressionadas a encontrar talentos gerenciais. Mas os consultores de executivos não agendam entrevistas, a não ser que os candidatos atendam a certos padrões mínimos e possam ser contratados. Hoje, quando a experiência tem uma importância menor e as empresas contratam basicamente pelo potencial, os currículos não dizem às empresas o que precisam saber. "As pessoas criam uma nova edição de seu currículo para cada entrevista de emprego", diz Fred Siegel, presidente e CEO da Conex Incorporated, uma agência de *headhunting*. "É por isso que meus clientes e eu levamos as reuniões pessoais muito mais a sério que antes."

Os *headhunters* passam uma quantidade incomum de tempo em aeroportos. Às vezes, voam para se encontrar com um cliente. Mais freqüentemente, estão entrevistando candidatos. O Aeroporto O'Hare, de Chicago, e o Aeroporto Internacional de Dallas-Fort Worth são dois dos maiores pontos de encontro de *headhunters*, nos Estados Unidos. Por terem uma localização central, permitem aos consultores das principais áreas metropolitanas conduzirem avaliações de candidatos de cidades menores ou do outro lado do país — durante duas horas, de maneira discreta, rápida e econômica.

Apesar do crescimento da videoconferência, a maioria dos consultores prefere encontrar-se pessoalmente com um candidato. As entrevistas pessoais consomem tempo e dinheiro, mas são essenciais para evitar desastres. Em um recrutamento de candidato, Don Clark, ex-sócio da Ray & Berndtson, ficou aliviado de ter ido ao Aeroporto O'Hare para uma entrevista pessoal. A formação e a experiência do candidato eram exatamente o que a empresa queria para seu novo vice-presidente executivo. "No papel, não havia um candidato melhor", diz Clark. "Depois de entrevistá-lo pessoalmente, vimos que precisaríamos continuar procurando. O candidato não parecia nem agia como executivo. E o pior é que ele me deu um sermão de 45 minutos sobre o que meu cliente estava fazendo errado e por que ele era o homem ideal para resolver o problema."

De acordo com Clark, o terno roto do candidato, seus sapatos sujos, sua postura fraca e falar demais lhe custaram o emprego.

Uma entrevista consome o seu tempo e também o meu. Estou aqui para saber de você, mas também para ajudá-lo a entender melhor meu cliente. Apresente aspectos de sua formação que você queira levar ao meu conhecimento e ao de meu cliente. Minhas expectativas são que você estará bem preparado, demonstrará energia e vitalidade e falará de modo confiante e positivo sobre o que fez.
NORM MITCHELL, EX-VICE-PRESIDENTE, A. T. KEARNEY EXECUTIVE SEARCH

O teste final

A entrevista, que já não é uma sessão exploratória, é o teste final sobre a adequação de um candidato. É aqui que a aparência, o comportamento, a paixão, o carisma, as habilidades de comunicação, o intelecto e a adequação à cultura da empresa são examinados e avaliados. "Queremos um candidato que tenha boa aparência, pareça ser competente, seja tranqüilo, tenha senso de humor, seja equilibrado, tenha uma estrutura de valores, seja pontual, deixe a discussão transcorrer 50/50 e pergunte sobre a próxima etapa", diz Gerry Roche. "Não queremos candidatos que sejam lineares demais, indesejáveis em sua antiga empresa ou que sejam negativos." Além disso, é o momento em que a "receptividade" do candidato é testada. "O candidato pode ter qualificações excelentes, mas, se não demonstrar interesse, não daremos uma recomendação positiva ao nosso cliente", diz um consultor de Chicago.

Alguns candidatos comparecem a uma entrevista supondo que serão escolhidos pelo consultor. Outros fazem afirmações grandiosas como "Tivemos um problema financeiro e eu o resolvi", sem fornecer evidências ou exemplos. Isso faz os consultores duvidarem se a pessoa é realmente capaz de contribuir para a empresa. Os melhores candidatos querem ter uma discussão profissional mutuamente benéfica.

De acordo com Herman Smith, ex-*chairman* da EMA Partners, há uma hierarquia no processo de entrevista de executivos. "Os consultores procuram fatores básicos e de ordem superior ao avaliarem o perfil de líder", diz Smith. "Na base estão as necessidades essenciais: pontualidade e uma boa aparência. O próximo nível inclui preparação, habilidades de ouvir e ter uma postura agradável. Depois vem a capacidade de ter os pés no chão, formular estratégias, discutir conceitos, utilizar os conceitos de outras pessoas e sintetizar informações. Finalmente, há a inteligência emocional."

Atributos essenciais

Todos os funcionários, desde a recepcionista até o CEO, precisam ser confiáveis, capazes de trabalhar com outras pessoas e ter credibilidade.

O que os consultores procuram: pontualidade, boa aparência, bom comportamento, boas maneiras e habilidades básicas de comunicação, inclusive a capacidade de manter uma conversa, prestar atenção ao que está sendo dito e responder com clareza.

Conselhos fundamentais:
- *Sua aparência*
- *Como você se comporta*
- *O que você diz*
- *Como você diz*

Habilidades conceituais

Além dos fatores essenciais, os gerentes e profissionais precisam demonstrar competência intelectual geral e inteligência emocional.

O que os consultores procuram: capacidade de "ter os pés no chão", de discutir conceitos e tirar conclusões a partir de novas premissas, ter consciência das necessidades de vários *stakeholders* na empresa, vocabulário rico e preciso, senso de humor.

Conselhos fundamentais:
- *O que você diz*
- *Como você diz*
- *Como você pensa*

Habilidades de liderança

Gerentes de nível mais alto devem saber como atingir objetivos e quais são os *tradeoffs* envolvidos nessas realizações.

O que os consultores procuram: evidências de que os candidatos foram responsáveis pelas realizações anteriores, e não meramente se beneficiaram delas; o papel específico do candidato nas realizações; como lidaram com desafios, superaram fracassos e reuniram pessoas para atingir os objetivos. "Alguns de meus candidatos são membros do clube do esperma sortudo", diz Brian Sullivan, ex-presidente e ex-CEO da Sullivan & Co., empresa de consultoria de seleções de executivos. "São de origem rica, freqüentaram as escolas certas e vêm de excelentes famílias. Minha tarefa é confirmar se as realizações não foram simplesmente atribuídas a eles."

Conselhos
fundamentais: *O que você diz*
Como você diz
Como você pensa
Carisma
Adequação à cultura

Visão

A visão é a marca registrada dos melhores executivos e um dos fatores mais difíceis de confirmar no papel ou mesmo pessoalmente. "Muitos consultores não têm capacidade intelectual para ser visionários, mas podem reconhecer um", diz Herman Smith. "Alguns de meus clientes e candidatos pensam mais alto que eu. Não tenho necessariamente de entender o que estão dizendo, mas preciso julgar a capacidade deles de criar uma visão."

O que os consultores procuram: capacidade de discutir as várias forças que afetam o atual desempenho do empregador, inclusive concorrência, clientes, funcionários, mudança tecnológica; disposição para admitir fracassos e discutir o que aprendeu com eles; *insight* dos desafios estratégicos da empresa de consultoria de seleções de executivos e opções para enfrentá-los.

Conselhos
fundamentais: *Como você pensa*
Carisma
Paixão

FASE 4: AVALIAÇÃO DO CANDIDATO

Mesmo os candidatos com as melhores qualificações não recebem ofertas se não se saírem bem na entrevista com o consultor. Candidatos que se revelam um fracasso em um ou mais critérios do perfil de líder estão fora da lista. Os consultores que deram contribuições para este livro indicaram uma taxa média de 30% a 40% de entrevistas "furadas" — eles recomendam menos de três em cada cinco candidatos entrevistados pessoalmente.

Se você estiver entre os 60% que passam pela entrevista com o consultor, será feita a sua avaliação formal, que será enviada para o cliente. Os consultores costumam anotar os pontos fundamentais para essas avaliações na viagem de volta de avião, após a entrevista, e seus assistentes preenchem os "laudos" com detalhes prosaicos. A maioria das empresas de seleção de executivos estrutura suas avaliações de candidatos em três seções principais:

Relatório profissional. Seu currículo, reformulado de acordo com o estilo da empresa de seleção.

Avaliação. Uma comparação de quatro a seis páginas das qualificações e realizações do candidato com os requisitos do cliente. Alguns consultores incorporam o perfil de executivo nessa comunicação; outros criam um anexo separado, destacando fatores que indicam que o candidato tem perfil de líder.

Resumo da remuneração. Uma descrição de dois parágrafos de seu atual pacote de remuneração, inclusive regalias e qualquer benefício especial que você possa ter atualmente.

Smith and Jones Executive Search Associates

AVALIAÇÃO CONFIDENCIAL DE CANDIDATO

Parte 1: Relatório profissional

David W. Jensen

45 Rue de la Paix

Neuilly F-75008 França

011-33-1-48.44.74.81 (residência)
011-33-1-54.76.98.12 (escritório)

FORMAÇÃO ACADÊMICA

1973	Ensino superior	University of Pennsylvania
1975	MBA	Wharton School, University of Pennsylvania
1975	Contador público	Pennsylvania

EXPERIÊNCIA PROFISSIONAL

1983-hoje   WORLDWIDE FOODS, INC.

A Worldwide é uma empresa de restaurantes e alimentos com faturamento de US$ 3,5 bilhões. Com sede em Nova York, tem operações em 27 países no mundo todo, incluindo a cadeia de restaurantes Whatachicken.

1989-hoje   **Diretor financeiro regional, Whatachicken, Paris**
Responsável por todas as funções financeiras de 600 restaurantes na Europa, Oriente Médio e África, com faturamento total de US$ 600 milhões.
Jensen se reporta ao vice-presidente regional da Whatachicken para a Europa, o Oriente Médio e a África. Suas principais responsabilidades incluem:

* Relatórios financeiros e previsões.
* Desenvolvimento de planos operacionais anuais.
* Coordenação do programa de planejamento estratégico da região.
* Coordenação da tesouraria e da contabilidade da empresa em Nova York.
* Análise de fusões e aquisições, reestruturando *joint ventures* existentes, e desenvolvimento de negócios (aproximadamente 30% do tempo).

Três gerentes — de planejamento, controle e desenvolvimento — se reportam diretamente a Jensen. Seus subordinados indiretos incluem quatro diretores financeiros regionais.

1987-1989   **Diretor de planejamento, Nova York**
Responsável por planos estratégicos e operacionais de 12 empresas da Worldwide em funcionamento no exterior. Jensen se reportava ao diretor financeiro da Worldwide e supervisionou uma equipe de quatro pessoas. Elaborou modelos financeiros e analisou dados para as empresas. Trabalhou com a alta direção em atividades de avaliação, fusão e aquisição, entre elas as fusões Jones Crisps e Hospitality Foods.

1985-1987   **Controller, Nova York**
Responsável pelas funções de controle e demonstrações financeiras da divisão euroasiática da empresa, com US$ 1,5 bilhão em vendas. Reportando-se ao vice-presidente financeiro, Jensen gerenciou uma equipe de seis pessoas e foi responsável por dez superintendentes dentro de dez empresas em funcionamento fora dos Estados Unidos.

1975-1985   **ARTHUR ANDERSEN, Chicago**

1983-1985   **Diretor de auditoria doméstica, Worldwide Foods**
Reportando-se à comissão regional de auditoria da Andersen, Jensen dirigiu a auditoria anual da Worldwide.

1981-1983   **Gerente sênior, operações de gás e petróleo**
Reportando-se ao diretor nacional de gás e petróleo, Jensen dirigiu várias auditorias de empresas de gás e petróleo.

1975-1981   Vários cargos, entre eles membro da equipe de auditoria, auditor responsável, auditor sênior, supervisor.

Parte 2: Avaliação do candidato

David W. Jensen

David Jensen tem uma formação sólida em contabilidade empresarial e funções de controle. Como superintendente da divisão euroasiática da Worldwide Foods, de 1985 a 1987, foi responsável por relatórios nas áreas contábil, tributária, de tesouraria, de controle e financeira. Algumas de suas atividades nessa posição são semelhantes às exigidas para o cargo na Consolidated. Por exemplo, ele padronizou os procedimentos de contabilidade, desenvolveu sistemas de gerenciamento tributário e de *cases* para cada país no domínio euroasiático da Worldwide Foods e desenvolveu inúmeros relatórios consolidados que permitiam que seus supervisores analisassem as operações das empresas internacionais. Essa experiência lhe permitiria lidar com a nova situação com grande entusiasmo, no cargo na Consolidated.

As fortes qualificações profissionais de Jensen são evidentes em sua rápida trajetória de carreira na Arthur Andersen. Entrou para a empresa em 1975 depois de obter um MBA e progrediu pelos cargos de membro da equipe de auditoria, auditor responsável, auditor sênior, supervisor e, em 1981, gerente. Adquiriu uma experiência valiosa trabalhando com bancos, serviços financeiros e empresas de seguro — experiência que provou ser extremamente útil mais tarde, em sua carreira, quando estabeleceu relações bancárias no mundo todo. Em 1981, tornou-se gerente sênior das operações de gás e petróleo na sede da empresa em Chicago e ampliou suas habilidades com alguma experiência em marketing: suas responsabilidades se concentraram no desenvolvimento de produtos e de séries que poderiam ser oferecidos aos clientes de serviços do setor de petróleo da Arthur Andersen. Monitorou o desenvolvimento técnico da equipe de gás e petróleo e preparou publicações e materiais de treinamento para dar suporte à posição competitiva da Andersen na auditoria da Worldwide Foods. Depois, foi convidado a assumir o cargo de superintendente da Worldwide na divisão euroasiática, em 1985.

Sem dúvida, Jensen tem um forte registro profissional em planejamento estratégico, investimento, análise operacional e trabalho de ligação com o gerenciamento operacional da empresa — todos os requisitos principais do cargo na Consolidated. Possui sólido treinamento e certificação profissional e é um superintendente capacitado. Demonstrou ter habilidade para estruturar e gerenciar com sucesso uma complexa rede financeira internacional. Seu envolvimento em inúmeros projetos de aquisições, desinvestimentos e *joint ventures* na Worldwide reflete sua capacidade de lidar com questões estratégicas e trabalhar com a alta direção.

Embora a experiência e as capacidades de Jensen pareçam adequadas para o cargo na Consolidated, uma preocupação é sua relativa falta de experiência com empresas iniciantes. Começou em seu atual cargo na rede de 600 restaurantes já em funcionamento. Suas atividades focalizaram a dinamização das funções de contabilidade e de tesouraria, estabelecendo fortes sistemas financeiros, gerenciando o orçamento e planejando os processos para operações amadurecidas e bem-sucedidas. Embora a Whatachiken e a Worldwide tenham feito aquisições, houve poucos acréscimos à linha de produtos corporativos. Jensen parece ser capaz de lidar com o desafio de uma empresa iniciante ou de um novo produto, mas não tem experiência comprovada nessa área.

Outra preocupação nossa é a disposição de Jensen para morar em Indianópolis. Jensen e sua família estão muito satisfeitos em Paris. Ele fala bem francês e, por ter morado nos últimos nove anos em grandes áreas metropolitanas, preocupa-se com a mudança para uma cidade menor. Embora Jensen tenha personalidade, estilo e experiência para trabalhar com sucesso com vocês na cultura voltada para equipes da empresa Consolidated, ele pode achar Indianópolis um pouco provinciana e isolada.

No geral, acreditamos que os pontos fortes e o potencial de Jensen ofereçam uma adequação singular para a necessidade de um vice-presidente internacional da Consolidated. Acreditamos que, com um pacote adequado de remuneração, ele possa ser atraído para sua empresa e se ajustar à mudança de cidade.

Parte 3: Resumo da remuneração

David W. Jensen

Jensen atualmente recebe um salário-base de US$ 220 mil. Em 1993, recebeu uma bonificação de US$ 136 mil. Participa do programa de opção de compra de ações da Worldwide Foods, e recebe US$ 175 mil em opções de compra de ações anualmente. Também recebe frações de ações como incentivo com direito de aquisição em três anos. A empresa lhe fornece um carro.

Avaliação do cliente

Depois de analisar a avaliação do candidato, o cliente do consultor pode tomar uma de três iniciativas:

- entrevistar imediatamente o candidato (80% dos casos);
- entrevistar o candidato quando o consultor tiver completado as avaliações de todos os candidatos finais (18% dos casos); e
- rejeitar o candidato sem entrevistar, apesar da recomendação do consultor (2% dos casos).

Embora uma empresa de seleção possa recomendar um executivo e apresentar fortes argumentos para sua contratação, o cliente é quem toma a decisão final, e o nível de confiança entre o cliente e o consultor, juntamente com a sensibilidade do cargo, determinará o próximo passo. Às vezes, um cliente exige apenas uma simples reunião com o candidato e lhe faz uma oferta de emprego imediatamente. Na maioria dos casos, o candidato é levado para a sede do cliente para um dia de entrevistas com colegas, chefes e funcionários potenciais. Nas seleções de altos executivos, os candidatos costumam se reunir com o conselho da organização, em grupo e separadamente, com cada um dos principais diretores. Antes, as empresas exigiam testes psicológicos ou outras seleções além da recomendação do consultor. Entretanto, a falta de executivos qualificados e sua crescente indisposição para se submeter a avaliações têm levado à diminuição dos testes.

FASE 5: VERIFICAÇÃO FINAL DE REFERÊNCIAS

As referências são a ferramenta mais importante do consultor, de acordo com Dayton Ogden, ex-presidente e atual consultor da Spencer Stuart, que conduz recrutamentos principalmente nos níveis de CEO, conselho e altos executivos. "Os CEOs não são selecionados pelos conselhos por seu registro profissional, mas mais por sua capacidade de liderança. Ninguém é examinado por uma empresa de seleção a não ser que tenha qualificações técnicas e conhecimentos para o cargo", diz Ogden. "No nível de CEO, as empresas procuram alguém que ofereça uma visão, além de ter uma grande capacidade para lidar com as pessoas. No nível em que estamos trabalhando, as melhores fontes de informação sobre o perfil de líder do candidato e sua capacidade de assumir o cargo são as pessoas que trabalharam com ele antes."

Como a maioria dos consultores, Ogden pede que os candidatos dêem os nomes de quatro ou cinco indivíduos que possam comentar sobre suas capacidades e estilo gerencial. Sabendo que os candidatos quase sempre sugerem amigos ou pessoas que lhe darão ótimas recomendações, Ogden muitas vezes pede aos candidatos para fornecerem também várias referências de adversários — pessoas com quem tiveram conflitos sérios. "Quero ter a história toda. Preciso saber como eles lidam com conflitos, com pontos de vista diferentes e se tratam os antagonistas com respeito", diz ele. Os candidatos resistem? Responde Ogden: "Em minha experiência, os mais confiantes, além de me darem os nomes, muitas vezes dizem: 'Esta é uma idéia genial. Fale com eles'".

Os melhores consultores, como Ogden, não param nos nomes fornecidos pelo candidato. Eles também obtêm referências das referências para determinar a natureza e a extensão de seu relacionamento com o candidato. Então, continuam investigando, pedindo referências adicionais para ter um retrato completo do candidato.

Smith and Jones Executive Search Associates

AMOSTRA DE RELATÓRIO DE REFERÊNCIA

Sujeito:	Peter W. Harrison
Data:	5 de março de 1999
Referência:	S. T. McDay
	Presidente do Conselho Administrativo
	Dakota Gulf Bancshares, Inc.
	P.O. Box 1498
	Lake Jackson, ND 57566
	709/265-8191 (Esc.)
	709/297-5124 (Resid.)

S. T. McDay conhece Harrison desde os 12 anos de idade. McDay trabalhou como *chairman* da empresa *holding* desde 1988 e foi cliente do banco por mais de dez anos.

Segue um resumo dos comentários de McDay durante uma conversa com nossa empresa em 4 de março de 1999.

McDay acha que Harrison tem "uma das mentes mais brilhantes para investimentos e transações bancárias" que conhece. Acrescenta que Harrison é sagaz, respeitável, reservado, organizado e profissional. Acredita que Harrison poderia ser mais extrovertido; contudo, suas habilidades de marketing são boas. Um de seus maiores pontos fortes é sua capacidade de "pesquisar problemas e resolvê-los com sucesso".

McDay disse que Harrison "tem feito um excelente trabalho ao equilibrar taticamente um membro do conselho que tem controle acionário da empresa, com quem freqüentemente é difícil trabalhar". Como gerente, Harrison apóia totalmente seus funcionários e é austero, mas justo. Harrison evidentemente sabe comandar, e "você não vai pegá-lo desprevenido porque ele pesquisa sua direção".

Mencionou que Harrison tem vários amigos e conseguiu adquirir um enorme respeito profissional. Ele é "voltado para a família e tem um caráter nobre".

TRABALHANDO COM CONSULTORES DE EXECUTIVOS — OS SETE MANDAMENTOS

À medida que você traça sua trajetória profissional, é quase certo que um ou mais progressos em sua carreira serão propiciados por um telefonema de um consultor de executivos. Agora que você entende o processo de cinco etapas que os consultores usam para preencher cargos de executivos, lembre-se das sete regras básicas quando você se tornar "presa" de um *headhunter*:

1. *Atenda todos os telefonemas*. Você nunca sabe. Depois de ser despedido da Ford, Lee Iacocca nem imaginava se voltaria a ver o interior de uma empresa quando um consultor ligou, com uma proposta de trabalho na Chrysler. Muitos executivos que estão satisfeitos em seus empregos ficam surpresos ao saber que existem melhores oportunidades de carreira disponíveis.

2. *Saiba quem está fazendo o quê*. Conheça o sócio ou o funcionário que está lidando com sua seleção — e não apenas o sócio conhecido que pode ter ligado para você no início. Grandes empresas de seleção costumam operar com um sistema de dois níveis, em que os sócios conduzem o contato com o cliente e a venda. Para todas as atribuições, exceto para CEOs e outros cargos de direção, os funcionários menos graduados costumam conduzir o trabalho, incluindo fazer o contato inicial com os candidatos, apresentar descrições da posição e informações iniciais, agendar entrevistas e acompanhar o *status* da atribuição. O sócio sênior costuma entrevistar os finalistas, depois da elaboração de relatório pelos funcionários, e um ou outro completará o relatório final encaminhado para o cliente. Os funcionários menos graduados costumam fazer as ligações de referência em todos os níveis, menos para CEO e cargos de alto nível.

3. *Solicite a especificação do cargo*. Sempre peça ao consultor para lhe enviar uma especificação do cargo por escrito antes de demonstrar

interesse em uma vaga. Se o cliente for uma empresa de capital aberto, o consultor deve enviar também uma cópia de seu relatório anual, formulário 10-K e materiais de marketing.

4. *Nunca envie seu currículo de imediato*. Você precisa ver a especificação do cargo para fazer o currículo de acordo com a situação. Espere alguns dias e, se ainda estiver interessado no cargo, faça um currículo que corresponda aos requisitos do cargo antes de enviá-lo.

5. *Não suponha que lhe estejam oferecendo um emprego*. Muitos recebem ligações no decorrer de um processo de seleção, mas poucos são escolhidos. Aqueles que parecem ansiosos demais passam a ser menos desejados, diz a maioria dos consultores.

6. *Prepare-se*. Quando se reunir com um consultor pessoalmente, você deve saber claramente como apresentar sua formação de modo a atrair ao máximo o interesse dele e o do cliente. Use os conselhos oferecidos durante todo este livro para formular sua história da maneira mais eficaz e faça sua parte.

7. *Você está no palco o tempo todo*. Não suponha que os consultores ou empregadores não estão ouvindo se eles pararem de fazer anotações. Alguns *headhunters* se orgulham de gerar informações confidenciais e pessoais por meio de entrevistas "furtivas" feitas durante refeições, quando os candidatos tendem a baixar a guarda. "Quando deixo meu bloco de anotações de lado, os candidatos dizem coisas surpreendentes", diz Bob Clarke, diretor da empresa de seleção Furst Group/MPI. "É aí que eles provavelmente falam de seu atual empregador, deixam escapar nomes inadvertidamente ou usam linguagem chula."

5

VOCÊ TEM PERFIL DE LÍDER?

Um questionário informal para medir seu perfil de líder.

Suas realizações profissionais são apenas o requisito mínimo para você conseguir um novo emprego de executivo. Quando as empresas precisam escolher entre dois candidatos com qualificações iguais, o perfil de líder é sempre o fator decisivo, de acordo com os consultores. Examinar, entender e desenvolver o perfil de líder é fundamental para prosperar no ambiente de sua empresa — seja em sua empresa atual ou em uma nova organização. Responda a todas as perguntas — honestamente — e compare sua pontuação com os parâmetros sugeridos pelos melhores consultores.

1. Número de vezes que foi promovido nos últimos cinco anos: _____.
2. Número de vezes por ano que um consultor de executivos liga para você: _____.
3. Qual é o estilo que melhor descreve seu guarda-roupa?
    Homens
    Brooks Brothers
    Armani
    Land's End

Mulheres
Ann Taylor
Talbot's
Armani

4. **Marque as características que melhor descrevem seu cabelo:**
   Homens
   Grisalho ou embranquecendo
   Calvície
   Que cabelo?
   Bigode
   Barba

   Mulheres
   Na altura do queixo ou mais curto
   Na altura do ombro
   Abaixo do ombro

5. **Acessórios profissionais (marque tudo o que se aplica):**
   Maleta de couro escuro
   Maleta de imitação de couro
   Maleta de lona
   Não usa maleta
   Caneta criada por designer
   Caneta esferográfica comum
   Caneta hidrográfica

6. **Acessórios pessoais (marque tudo o que se aplica):**
   Lenço de seda
   Gravata estilo Hermes
   Prendedor de gravata
   Brincos de pressão ou de rosca
   Brincos com pingentes
   Alfinete com monograma
   Anel de formatura
   Abotoaduras
   Relógio de pulso
   Pulseira

7. **Melhores escolhas do menu para um almoço de negócios (selecione tudo o que se aplica):**
    Sopa de cebola
    Salada Caesar
    Massa
    Peixe grelhado
    Vinho
    Costela de carneiro
    Batata assada

8. **Selecione a melhor sentença:**
    a. Na última reunião, o conselho administrativo e eu ouvimos explanação do *chairman* sobre o programa de reestruturação.
    b. O programa de reestruturação foi anunciado pelo *chairman* na última reunião.
    c. O *chairman* explicou o programa de reestruturação ao conselho administrativo e a mim na última reunião.
    d. O conselho administrativo e eu ficamos inteirados do programa de reestruturação na última reunião, pelo *chairman*.

9. **Livros que leu nos últimos seis meses:**
    _____
    _____
    _____

10. **Publicações que lê regularmente (selecione tudo o que se aplica):**
    The Wall Street Journal
    Fortune
    Forbes
    Newsweek
    Time
    Harvard Business Review
    Jornal local

11. **Como costuma fazer um comunicado importante aos funcionários? (selecione duas alternativas):**
    Memorando escrito
    E-mail
    Videoteipe
    Pessoalmente
    Telefone
    Discurso

12. **Os aspectos mais importantes de se comunicar bem são (selecione duas alternativas):**
    Focalizar o quadro geral
    Ouvir
    Falar claramente sobre todos os detalhes
    Falar a mesma coisa para todos, de altos executivos a recepcionistas
    Conectar-se às pessoas

13. **Você gosta de falar sobre (escolha uma alternativa):**
    Erros que cometeu
    Suas realizações
    O que o preocupa

14. **Ao falar de um conceito ou programa que apóia, você (selecione tudo o que se aplica):**
    Cita pensadores da área de negócios ou personagens históricos
    Usa a lógica
    Usa a emoção
    Fala por dez minutos ou menos
    Pede que o público "imagine" algo
    Faz perguntas retóricas e responde a todas

15. **Você se preocupa mais com (escolha uma alternativa):**
    Seus atuais concorrentes
    Seus futuros concorrentes

16. **Você gosta de trasmitir uma idéia complexa usando (escolha uma alternativa):**
    Um memorando de uma página
    Um memorando de cinco a dez páginas
    Um gráfico de uma página
    Você acha que gráficos e ilustrações atrapalham

17. **Algumas das coisas de que mais gosta (selecione tudo o que se aplica):**
    Almoçar com funcionários para descobrir o que está acontecendo
    Andar pelos corredores para descobrir o que está acontecendo
    A festa anual de Natal da empresa
    Discussões individuais com pessoas ponderadas
    Ter paz e silêncio em seu escritório

Misturar-se com os diretores

Conversar com repórteres

Conversar com clientes

18. **Nos últimos seis meses, quantas vezes fez uma apresentação/discurso para um grupo de mais de dez pessoas?**

　　Mais de três vezes

　　Duas ou três vezes

　　Uma vez ou nenhuma

19. **Quando você fala, seu sotaque é de (escolha uma alternativa):**

　　Norte ou Nordeste

　　Região metropolitana

　　Interior do país

　　Fora do país

　　Sem sotaque

20. **Quando viaja, você liga para seu escritório:**

　　Uma vez por dia

　　Três vezes por dia

　　Toda hora

21. **Descreva a maior realização de sua carreira.**

　　_____
　　_____
　　_____

22. **Dê o nome de um líder empresarial que você admira e imita.**

　　_____

23　**Descreva seus maiores pontos fracos.**

　　_____
　　_____
　　_____

24. **Cite três coisas que aprendeu com uma experiência negativa recente.**

　　_____
　　_____
　　_____

25. **O que seu chefe diria sobre você?**

   _____
   _____
   _____

26. **Do que você mais gosta/não gosta em seu emprego atual?**

   _____
   _____
   _____

Interpretando a pontuação

1. **Promoções**

    Uma vez = 1 ponto   Mais de uma vez = 3 pontos

    Pesquisa do Center for Advanced Human Resources Studies, da Cornell University, e da empresa de seleção Ray & Berndtson mostra que o típico executivo recrutável é promovido a cada 3,5 anos. As promoções estão altamente correlacionadas com o perfil percebido do executivo.

2. **Ligações de consultores**

    1 a 3 vezes = 1 ponto   4 a 7 vezes = 2 pontos

    + de 8 vezes = 3 pontos

    A mesma pesquisa constatou que o típico executivo recrutável recebe uma média de seis telefonemas por ano de *headhunters*.

3. **Guarda-roupa**

    Homens

Brooks Brothers	= 2 pontos
Armani	= 0 ponto
Land's End	= 0 ponto

    Embora o traje adequado varie de um setor para outro, a maioria dos altos executivos usa roupas clássicas, com bom corte, mas evita parecer saído das páginas de uma revista de moda.

    Mulheres

Ann Taylor	= 1 ponto
Talbot's	= 2 pontos
Armani	= 0 ponto

É mais difícil as mulheres executivas escolherem suas roupas. A maioria prefere a aparência convencional, elegante, encontrada na seção de ternos do catálogo da Talbot, em vez de uma aparência ultramoderna. As roupas de Ann Taylor tendem a ser mais curtas e mais justas e são melhores para mulheres com menos de 30 anos.

4. **Cabelo**

   Homens

Grisalho ou embranquecendo	= 2 pontos
Calvície	= 1 ponto
Que cabelo?	= 0 ponto
Bigode	= 0 ponto
Barba	= -1 ponto

   A maioria dos consultores diz que têmporas grisalhas sugerem sagacidade e experiência; a calvície também, em um grau menor. A barba é vista com suspeita. Muitos consultores acham que homens com barba estão tentando parecer bem instruídos e intelectuais, ou esconder parte de sua face — encobrindo algo.

   Mulheres

Cabelo na altura do queixo ou mais curto	= 2 pontos
Na altura do ombro	= 2 pontos
Abaixo do ombro	= 0 ponto

   As mulheres tendem a usar cabelo longo entre a puberdade e o início da idade adulta. Cabelo longo dá às executivas uma impressão de menos autoridade, a não ser que façam um coque. A maioria dos consultores sugere que as mulheres cortem o cabelo na altura dos ombros ou mais curtos para serem levadas mais a sério em um ambiente de negócios. Embora a maioria dos consultores alegue que cabelo grisalho em uma mulher não sugere sabedoria e experiência como nos homens, a maioria diz que cabelo grisalho ou tingido é igualmente aceitável, contanto que a cor pareça natural e seja retocada regularmente.

5. **Acessórios profissionais**

Maleta de couro escuro	= 2 pontos
Maleta de imitação de couro	= -1 ponto
Maleta de lona	= -1 ponto
Não usa maleta	= 0 ponto
Caneta criada por designer	= 2 pontos
Caneta esferográfica comum	= 0 ponto
Caneta hidrográfica	= -1 ponto

Seus acessórios profissionais declaram seu *status*. A maioria dos executivos tem maletas finas de couro e usa Mont Blanc, Cartier ou outras canetas finas. Canetas hidrográficas o classificam como um funcionário que anota pedidos.

6. **Acessórios pessoais**

Lenço de seda	= 2 pontos
Gravata estilo Hermes	= 2 pontos
Prendedor de gravata	= -1 ponto
Brincos de pressão ou de rosca	= 1 ponto
Brincos com pingentes	= -1 ponto
Alfinete com monograma	= -1 ponto
Anel de formatura	= -1 ponto
Abotoaduras	= 1 ponto
Relógio de pulso	= 1 ponto
Pulseira	= 1 ponto

Uma elegante gravata de seda pode valorizar acentuadamente um terno azul-marinho. A maioria dos consultores reconhece que gravatas Hermes, Ferragamo ou Gucci são as preferidas pelos executivos seniores e examina de perto as gravatas que os candidatos usam. Os prendedores de gravata estão fora de moda. Anéis grandes de formatura desviam a atenção de seu perfil de executivo, mas um belo par de abotoaduras contribui para seu visual.

Para as mulheres, um lenço de seda, amarrado ou drapeado com arte, é um acessório sofisticado e elegante. Brincos embelezam, mas use brincos de rosca ou de pressão. Brincos que balançam gritam "hora de festa". Qualquer coisa que tenha suas iniciais — ou as iniciais do designer — é inadequada. Uma única pulseira de prata ou ouro é um complemento de bom gosto. Tanto homens quanto mulheres devem usar um relógio de boa qualidade.

7. **Opções de almoço**

Sopa de cebola	= 0 ponto
Salada Caesar	= 0 ponto
Massa	= 0 ponto
Peixe grelhado	= 2 pontos
Vinho	= -1 ponto
Costela de carneiro	= 0 ponto
Batata assada	= 0 ponto

Se possível, evite entrevistas durante refeições — particularmente a primeira entrevista com um consultor. Conversar seriamente, manter a postura e cortar/trinchar carnes e manipular alimentos — em vez de levá-los diretamente à boca — são atividades demais para lidar de uma só vez. Se você precisa comer e fazer uma reunião, peça algo simples e evite vários pratos. O peixe é a única opção segura na lista. Selecione alimentos em que você possa usar apenas o garfo. Sopa de cebola e massas podem respingar. A salada Caesar é sortida e precisa ser cortada para ser degustada com elegância. Evite qualquer carne com osso, porque exige atenção para ser cortada. Uma batata assada requer manipulação demais à mesa. Evite bebidas alcoólicas na hora do almoço; uma taça de vinho é aceitável ao jantar.

8. **A melhor sentença**

    a, d = -1 ponto   b = 0 ponto   c = 2 pontos

    As sentenças *b* e *d* estão corretas gramaticalmente, mas os bons comunicadores evitam usar a voz passiva em comunicações orais e escritas. Não caia na armadilha de tentar parecer correto demais, usando uma construção com o pronome pessoal do caso reto, *eu*, vindo em último lugar em sinal de modéstia, como nas sentenças *a* e *d*. Em vez de melhorar suas comunicações, isto o faz parecer pedante. A sentença *c* é a mais adequada, simples e direta.

9. **Livros**

    Atribua 3 pontos para cada livro. Os executivos seniores aprimoram seu intelecto, sua imaginação e sua comunicação ao ler novas idéias apresentadas em livros de todos os tipos.

10. **Publicações**

    Atribua 2 pontos para cada publicação, pela mesma razão anterior.

11. **Fazendo comunicados importantes**

    Atribua 2 pontos para cada item marcado. Embora cada empresa tenha suas próprias tradições de comunicação, em geral a comunicação não é exagerada — principalmente quando se trata de um comunicado importante. Quanto mais mídias empregadas, melhor a mensagem será transmitida.

12. **Quais aspectos da comunicação são mais importantes?**

Focalizar o quadro geral	= 1 ponto
Ouvir	= 2 pontos
Falar claramente sobre todos os detalhes	= 0 ponto
Falar a mesma coisa para todos, de altos executivos a recepcionistas	= -1 ponto
Conectar-se às pessoas	= 2 pontos

    Os consultores dizem que ouvir e conectar-se são fundamentais para a comunicação eficaz. Embora focalizar o quadro geral seja adequado em várias situações, em algumas é irrelevante. Embora você precise estar familiarizado com os detalhes de uma decisão ou situação específica, geralmente é melhor colocá-los em um manual de instrução ou deixá-los para o gerente que será responsável pela implementação. Dizer a mesma coisa para todos nem sempre é a melhor maneira de se comunicar. O que você diz a vários públicos certamente não deve contradizer o que diz a outros, mas provavelmente precisará enfatizar certos pontos com alguns públicos ou fornecer mais detalhes a outros.

13. **Você gosta de conversar sobre**

Erros que cometeu	= 2 pontos
Suas realizações	= 0 ponto
O que o preocupa	= 1 ponto

    Os altos executivos falam sobre o que aprenderam de seus erros. Outra categoria favorita são as questões sobre o que os preocupa.

14. **Ao falar sobre um conceito ou programa que apóia, você**

Cita pensadores da área de negócios ou personagens históricos	= 1 ponto
Usa a lógica	= 0 ponto
Usa a emoção	= 1 ponto
Fala por dez minutos ou menos	= 0 ponto
Pede que o público "imagine" algo	= 1 ponto
Faz perguntas retóricas e responde a todas	= 0 ponto

    Os executivos com carisma usam citações, emoção e imagens para convencer ou estimular as pessoas.

15. **Você se preocupa mais com**

Seus atuais concorrentes	= 0 ponto
Seus futuros concorrentes	= 1 ponto

    Os executivos com perfil de líder mantêm seu foco dez anos adiante de nós.

16. **Transmitir uma idéia complexa**

Um memorando de uma página	= 0 ponto
Um memorando de cinco a dez páginas	= -1 ponto
Um gráfico de uma página	= 2 pontos
Você acha que gráficos e ilustrações atrapalham	= 0 ponto

    Os executivos com carisma são os mestres da simplificação. Gostam de gráficos ou ilustrações simples, e odeiam relatórios extensos.

17. **As coisas de que mais gosta**

Almoçar com funcionários para descobrir o que está acontecendo	= 1 ponto
Andar pelos corredores para descobrir o que está acontecendo	= 1 ponto
A festa anual de Natal da empresa	= 0 ponto
Discussões individuais com pessoas ponderadas	= 1 ponto
Ter paz e silêncio em seu escritório	= 0 ponto
Misturar-se com os diretores	= 1 ponto
Conversar com repórteres	= 1 ponto
Conversar com clientes	= 2 pontos

Os executivos com perfil de líder procuram receber *feedback* e sugestões de uma variedade de fontes e fazem um esforço estruturado para interagir regularmente com grupos importantes. Em empresas menores, podem andar pelos corredores; em grandes organizações, onde isso é impraticável, podem aparecer na linha de montagem durante o terceiro turno, ou fazer visitas inesperadas a vários setores. A maioria dos executivos comparece à festa anual de Natal, mas não a considera particularmente divertida porque o número de convidados torna impossível ter interações significativas com alguém.

18. **Nos últimos seis meses, quantas vezes fez um discurso/apresentação a um grupo de mais de dez pessoas?**

Mais de três vezes	= 2 pontos
Duas ou três vezes	= 1 ponto
Uma vez ou nenhuma	= 0 ponto

Falar em público aumenta as habilidades de comunicação e ajuda os executivos a reforçar suas mensagens principais.

19. **Quando você fala, seu sotaque é de**

Norte ou Nordeste	= 0 ponto
Região metropolitana	= 1 ponto
Interior do país	= 0 ponto
Fora do país	= 0 ponto
Sem sotaque	= 2 pontos

Um forte sotaque regional é visto como provinciano por alguns consultores. Um sotaque estrangeiro pode levantar dúvidas quanto às habilidades de comunicação. Falar rápido demais com sotaque de uma região metropolitana pode dificultar o entendimento de pessoas de outras regiões. A não ser que você tenha o carisma de um Herb Kelleher, *chairman* da Southwest Airlines, a melhor forma de falar é sem sotaque nenhum — um âncora de um noticiário de TV.

20. **Quando viaja, você liga para seu escritório**
    Uma vez por dia = 1 ponto
    Três vezes por dia = 0 ponto
    Toda hora = -1 ponto

    Ligar com muita freqüência dá a impressão de que você não tem mais nada para fazer.

21. **A maior realização de sua carreira.**

22. **Líderes de negócio que você mais admira e imita.**

23. **Os maiores pontos fracos.**

24. **Coisas que aprendeu com uma experiência negativa recente.**

25. **O que seu chefe diria.**

    Perguntas 21-25: um ponto para cada resposta que você der, até cinco itens, se tiver evidências suficientes e resultados mensuráveis. Os executivos com perfil de líder têm pensado muito nessas questões e têm respostas preparadas para uso geral em discursos, conversas individuais e até questionários. Veja os capítulos 7 e 8 para ter mais detalhes de como responder a perguntas de entrevista.

26. **Do que você gosta/não gosta.**

    Atribua

    -3 pontos para cada coisa que disser que não gosta.

    2 pontos para tudo de que você gosta, até três itens. É importante pensar positivo: você aprendeu muito com cada experiência. A questão agora é: o que está faltando? Quais são as responsabilidades e decisões adicionais que você desejaria ter?

    Total de pontos

90 a 100	Você tem um forte perfil de executivo — que achado feliz!
70 a 90	Você fez um excelente começo — continue trabalhando nisso.
Abaixo de 70	Comece a aprimorar seu perfil de executivo.

6

SUA APARÊNCIA

As aparências só mostram a superfície da pele. Mas, se você não tiver boa aparência, não vai passar para a fase seguinte de testes.

Os consultores costumam freqüentar os aeroportos. Para evitar comprometer candidatos ou dar indicações aos empregados de uma empresa cliente de que um executivo que trabalha lá pode ser substituído, muitos selecionadores acham que os aeroportos são locais convenientes e anônimos para entrevistas com candidatos. Alguns dos momentos mais tensos para um consultor acontecem em aeroportos, quando o avião em que está seu candidato encosta no portão de desembarque e os passageiros começam a sair. "Geralmente fico de longe com um olho em cada pessoa que passa pelo portão", diz um consultor. "Até me ouço dizendo: 'Por favor, que seja esse', 'Graças a Deus — é ela' ou 'Espero que não seja esse'. Mas aí já é tarde demais. Avisei ao candidato como sou e já estamos nos cumprimentando."

Na maior parte das vezes, os consultores ficam satisfeitos com o que vêem. "Se fiz um bom trabalho com nossa pesquisa inicial e seleção ao telefone, a realidade física geralmente é previsível", diz Dennis Carey, da Spencer Stuart. "É claro que gostaríamos que todos os nossos candidatos fossem altos, atraentes, gentis, urbanos e brilhantes. E, na maioria das vezes, são."

PESADELOS ACONTECEM

Às vezes, os pesadelos acontecem. Bob Clarke nos conta sobre um candidato que entrevistou para ser alto executivo de uma empresa iniciante de assistência médico-hospitalar, financiada por um provedor. "Passei sete meses cortejando uma administradora hospitalar. Suas habilidades técnicas eram ótimas e dava uma boa impressão ao telefone. Quando finalmente a conheci, foi a hora mais longa que já passei. Ela não me olhava nos olhos; seu aperto de mão era fraco, tinha dificuldade para responder claramente a perguntas e sua aparência deixava a desejar. Não a apresentei ao meu cliente porque ela não passaria na entrevista."

Em outra seleção, o consultor teve dificuldade para encontrar um presidente para uma nova divisão de um fabricante de equipamentos para escritório em Midwest. "Todos com quem conversávamos queriam ficar na Costa Leste ou Oeste", disse o consultor. "Mas o histórico profissional, as realizações e as habilidades de um candidato eram ideais. E estava disposto a se mudar." Entretanto, uma reunião pessoal no Red Carpet Club do Aeroporto O'Hare enviou o consultor de volta ao arquivo. "No momento em que apareceu no portão de desembarque, eu disse: 'Meu Deus, espero que não seja ele'." O candidato usava jaqueta esporte xadrez e camisa rosa. As calças balançavam cinco centímetros acima dos sapatos gastos. Tinha uma aparência de cansado — às 10h da manhã — e carregava uma maleta de imitação de couro cheia de papéis amassados, um telefone celular e um *USA Today*. E parecia um veado assustado. "No momento em que vi aquele sujeito, entendi por que ele estava interessado no emprego", diz o consultor. "Estava claro que nunca seria promovido nas condições em que se apresentava."

Enquanto estava recrutando um novo CEO, Susan Bishop, presidente da Bishop Partners, concordou em encontrar-se com um candidato, embora seu currículo e formação não fossem exatamente o que procurava. Apesar de ele ter um sólido conhecimento de seu setor e uma boa experiência em vendas e marketing, ele nunca tinha dirigido um negócio — geralmente um requisito obrigatório para um CEO. "Ele era lindo demais", diz Bishop. "Era magro e não tinha a barriga protuberante que os homens com mais de 40 costumam desenvolver. Estava bem vestido. Era atento, vigoroso e vibrante. Podíamos vê-lo numa reunião com o *chairman*."

O fator fundamental para o sucesso nas corporações americanas é ser atraente.
JAY GAINES, PRESIDENTE, JAY GAINES & COMPANY

De acordo com estudos de cientistas comportamentalistas, 55% da impressão que alguém causa se deve à sua aparência. A voz conta 38%, e o conteúdo da conversa, apenas 7%. A maioria dos consultores concorda que a aparência é uma excelente seleção inicial para o perfil de líder. Se você não tiver boa aparência, raramente poderá demonstrar o quanto se comunica bem, o quanto sua personalidade é carismática ou como tem idéias brilhantes. E você precisa ser parecido com o cliente para não entrar em conflito com a cultura corporativa. "Um fator crítico para o sucesso nas corporações americanas é a atratividade", diz Jay Gaines, presidente da Jay Gaines & Company, em Nova York. "As corporações contratam indivíduos que são sua própria imagem ou a imagem que gostariam de ver em si mesmos. Se um candidato não atender a um nível mínimo aceitável, não será considerado — não importa o quanto seja inteligente ou eficaz."

A APARÊNCIA TEM VÁRIAS DIMENSÕES

Sua aparência envolve mais do que apenas roupas: sua altura, peso, saúde, estilo de cabelo, maquiagem, forma de se arrumar, acessórios e até a condição de suas cutículas são examinados. A aparência é algo que todo consultor nota em detalhes — e analisa cuidadosamente para determinar seu estilo gerencial, credibilidade, habilidades interpessoais e adequação à cultura.

Embora seus clientes possam dizer que querem recrutar "sangue novo", um executivo que "tenha uma forma de pensar inovadora", ou um sujeito ousado capaz de "abalar as coisas por aqui", a realidade é que a maioria das organizações tem pouca tolerância a pessoas com uma aparência e uma forma de agir diferentes de seus atuais executivos. Se a empresa está recrutando um CEO, ele precisa "se entrosar" com o conselho administrativo. Por entenderem o importante poder simbólico da aparência, os consultores relutam em recomendar candidatos que não se parecem, não andam nem falam como a atual diretoria ou comitê de executivos.

APERFEIÇOANDO-SE

A boa notícia é que você pode influenciar a percepção que um consultor tem a seu respeito, e sua viabilidade como candidato, ao:

- entender o cliente e como seus executivos se vestem e se comportam;
- exibir atributos que você partilha com o cliente; e
- dar a impressão que você se parece e age como um executivo.

A criação de sua imagem como um todo envolve muito mais que roupas e aparência física, mas você não terá a chance de demonstrar os componentes não visuais se os aspectos visuais não atenderem às expectativas. Mesmo que fiquem impressionados com um candidato, os consultores devem manter sempre em mente a cultura de seu cliente e a "aparência" de seus executivos ao fazer julgamentos. Bonnie Crabtree, consultor de Atlanta, certa vez entrevistou um ótimo candidato para uma posição de CIO em uma empresa nova que patrocinava uma corrida de bicicleta para seus funcionários, muitos dos quais eram atletas amadores. "Embora ele tivesse uma formação ideal e referências sólidas, pesava 145 quilos e era baixo", diz Crabtree. "Seu currículo era excelente, e ele era brilhante e inteligente, então passei duas horas entrevistando-o", diz Crabtree. "Mas meu cliente não quis nem vê-lo. Acharam que o candidato não se encaixaria."

FAZENDO JULGAMENTOS RÁPIDOS

Comenta Herman Smith, *chairman* da Herman Smith Executive Initiatives, em Toronto: "Há os candidatos que parecem geniais — sorte nossa se conseguimos encontrá-los. E há aqueles que não se apresentam bem. Quando esses candidatos se encontram com o cliente, a suposição imediata é: 'Eles não têm competência para o cargo'." Os consultores dizem que decidem se vão recomendar você ao cliente de cinco a dez segundos depois de vê-lo e cumprimentá-lo. Passam as duas horas remanescentes reunindo evidências para confirmar a impressão inicial.

Jack Clarey, sócio da Clarey Andrews & Klein, em Chicago, lembra-se da seleção de um diretor operacional para uma grande empresa de serviços profissionais. Um de seus melhores candidatos estava adequadamente vestido e arrumado — mas usava um anel rosa. "O conselho de diretores não conseguiu engolir o anel rosa", diz Clarey. "Toda vez que discutiam os pontos fortes e fracos dos finalistas, falavam do anel rosa." No final, o candidato perdeu para outro executivo que usava acessórios menos controversos. "Se eu tivesse de fazer tudo de novo, diria a ele para tirar o anel na entrevista com o cliente", diz Clarey.

O VISUAL PADRÃO

Todo aspecto do perfil de líder se baseia no cliente e na natureza do cargo de executivo. E quase todas as empresas esperam que os consultores de executivos "lhes enviem" candidatos que atendam aos padrões por elas estabelecidos. Embora haja exceções, os líderes empresariais costumam ser altos (mais de 1,80 m para os homens e 1,65 m para as mulheres) e magros, com excelente postura.

"Todos querem um piloto de avião", diz Susan Bishop, presidente da Bishop Partners, em Nova York. "Um homem alto, magro, com cerca de 40 anos, que esteja em excelente forma e tenha o cabelo um pouco grisalho parece inspirar confiança." A localização geográfica, o setor e a base de clientes podem alterar ligeiramente o visual básico. Algumas empresas nos setores de informática, entretenimento e moda procuram candidatos que ofereçam uma imagem e um modo de vestir informal ou "atraente".

SAÚDE E FORMA FÍSICA

Até a década de 30, os executivos tendiam a ser um pouco "acima do peso" e sedentários. Nos últimos 50 anos, à medida que a imagem dos negócios foi se tornando cada vez mais vigorosa e estimulante e a revolução da saúde tomou os Estados Unidos, o "visual" ideal dos executivos está mais enxuto. A maioria dos CEOs das 500 melhores empresas apontadas pela revista *Fortune* são magros e atléticos, fornecendo um modelo para gerentes de negócio em todos os níveis das corporações americanas.

Consultores buscam candidatos vigorosos e ativos

Para a maioria dos clientes, os candidatos que aparentam fazer exercícios regularmente têm aparência mais saudável. Embora a vitalidade e o grau de atividade diminuam com a idade, todo consultor pode citar exemplos de executivos de 65 anos de idade que têm mais gás que os de 30. Mas evite excessos: "Homens que levantam muito peso tendem a ficar com aquele visual 'sem pescoço'", diz um consultor. "Músculos visíveis — em qualquer lugar — são uma desvantagem."

A altura pode ser um diferencial, se os demais fatores forem iguais

"Pessoas altas, tanto homens quanto mulheres, têm uma vantagem nítida", diz Kathleen Johnson, ex-sócia da Barton Associates, em Houston. A altura muitas vezes pode compensar outras deficiências do perfil de um executivo. Ser baixo, entretanto, é quase sempre visto como uma desvantagem. Disse outro consultor: "Homens baixos costumam ter de trabalhar mais para contrapor a primeira impressão negativa, em comparação a alguém que seja mais alto". Para as mulheres, a altura é menos importante, mas geralmente é um fator positivo. "Mas não tente ficar mais alta usando um salto alto demais", adverte uma consultora. "Eles são um sinal de deselegância em um ambiente de negócios."

O poder corporal precisa estar de acordo com o poder cerebral

A velha máxima é verdadeira: um corpo são faz a mente parecer mais saudável. "Hoje, os indivíduos que estão acima do peso, fora de forma e são sedentários não parecem tão 'em cima' quanto os executivos com boa forma física", diz Bonnie Crabtree, que conheceu muitos candidatos que têm um bom currículo, mas, pessoalmente, não causam uma boa impressão. Susan Bishop lembra-se de um candidato com um currículo fantástico que era baixo e magro, com uma voz aguda e um aperto de mão fraco. "Sua apresentação ia contra tudo o que estava no currículo", disse ela.

O peso é fundamental

A maioria das empresas acha que estar acima do peso reflete um baixo nível de energia e de autodisciplina em um candidato. Kathleen Johnson lembra-se de um candidato que estava com 25 quilos acima de seu peso. "Ele não parecia ser um empreendedor dinâmico e agressivo. O excesso de peso lhe dava a aparência de uma pessoa parada e morosa, e não rápida e ágil. Embora isso não tivesse nada a ver com sua maneira de trabalhar, ele simplesmente não parecia 'sangue novo', e nosso cliente nos pediu para procurarmos outros candidatos."

"Apresentei um ótimo candidato, que era inteligente, firme, bom estrategista, com excelentes credenciais e referências brilhantes", disse Rich Hardison, um consultor de Dallas. "Mas meu cliente o rejeitou porque era 'velho, gordo e fora de forma'. Às vezes penso que a aparência assumiu uma importância exagerada."

As empresas reconhecem que rejeitar candidatos por serem obesos pode criar sérios problemas legais. Raramente dirão diretamente a alguém que a obesidade foi o problema. Um consultor lembra-se de ter apresentado uma candidata com uma excelente reputação para assumir um cargo de presidente de divisão em uma empresa apontada pela *Fortune* entre as 100 melhores. "Ela era baixa, pesada e grosseira", diz ele. "Nosso cliente nos disse que havia gostado dela, mas queria alguém que fosse mais alto e menos agressivo. Acabaram contratando uma pessoa que parecia mais adequada — alguém que parecia, francamente, um piloto de avião."

LINGUAGEM CORPORAL

Os consultores, em sua maioria, são hábeis leitores da linguagem corporal e observam atentamente pistas visuais para tirar conclusões sobre as qualidades intangíveis dos candidatos. "Se um candidato não consegue ficar parado nem olhar nos meus olhos, ou se tem um hábito que o distrai, isso me diz que ele não consegue se controlar", relata um consultor. Ele se lembra de uma situação em que uma candidata não conseguia tirar as mãos do cabelo, que ia até os ombros. "Tinha uma excelente formação, mas, depois de vê-la enrolando o cabelo durante uma hora, percebi que ela deixaria meu cliente irritado."

A linguagem corporal que faz alguém parecer adequado para um cargo gerencial sênior inclui: a escolha de uma cadeira com encosto reto, acomodar-se nela (e não "largar" o corpo) e posicionar-se na metade da frente do assento. Os consultores dizem que cruzar as pernas não tem problema: os homens têm a opção de cruzar as pernas apoiando um joelho sobre o outro ou apoiando o tornozelo sobre o joelho; as mulheres devem sempre cruzar colocando joelho sobre joelho. Mantenha as mãos paradas ou faça pequenos gestos ocasionais para ressaltar alguns pontos. Olhe para o entrevistador com uma expressão relaxada e alerta, às vezes acenando com a cabeça ou dizendo "Aham".

ROUPAS: VOCÊ É O QUE VOCÊ USA

Ligados a pistas externas e altamente sensíveis "ao que está por trás disso" no ambiente de seu cliente, os consultores são implacáveis quando se trata de avaliar se as roupas de um candidato são adequadas. Uma empresa de recrutamento tem certas expectativas de como os candidatos a executivos devem parecer. Hoje você precisa "se apresentar" como um membro da classe média alta. Isso significa ter peso médio para sua altura e elegância — nada de cutículas com pele solta ou roídas. Sua aparência precisa transmitir a mensagem de que você poderia pertencer a qualquer clube.

Traje masculino

O consultor Steve Darter, da People Management Northeast, certa vez entrevistou um candidato do Sudoeste para um cargo de vice-presidente de vendas regional em uma empresa de seguros com sede em Connecticut. "Ele desceu do avião em Las Vegas usando um terno apertado e brilhoso, peito cabeludo à mostra e correntes de ouro muito evidentes", diz Darter. "Se não fosse necessário olhar para ele, seria um candidato excelente."

Darter e outros consultores dizem que os homens deveriam comparecer às entrevistas com um terno escuro com bom corte e acabamento, camisa branca com punho duplo e abotoaduras, sapatos de couro preto bem engraxados, de alta qualidade, com sola fina e meia preta longa o suficiente para cobrir suas pernas ao cruzá-las.

Você não precisa estar na última moda, mas precisa ser atual, profissional e elegante. Se quiser passar para o próximo nível administrativo, vista-se como se fizesse parte dele.

BERNADETTE PAWLIK, SÓCIA,
PAWLIK-DORMAN PARTNERS

As candidatas têm mais liberdade, mas não tanta

Roupas clássicas e bem-feitas transmitem estabilidade e poder. O traje preferido para uma entrevista é um conjunto escuro de bom corte, uma blusa de cor clara e meias escuras. Evite tecidos com brilho ou colantes, estilos exóticos, roupas curtas ou decotes exagerados. E use sempre manga longa. Um conjunto é preferível a um vestido: terninhos são um símbolo de poder.

Um consultor entrevistou uma mulher que trabalhava em uma empresa de assistência médica. A vaga em questão era para a segunda posição no comando de uma importante empresa de produtos de saúde. Com um forte currículo e experiência em diferentes cargos operacionais e executivos em uma empresa citada entre as 50 melhores pela *Fortune*, era a candidata ideal. Entretanto, ela não tinha uma aparência física adequada. "Parecia que tinha comprado seu terninho em uma loja de departamentos — todo o seu visual era simplesmente brega", diz o consultor. "Se tivesse usado um terno azul-marinho simples, teria conseguido o emprego."

Conheça seu público

Uma vez que os padrões de roupas diferem ligeiramente de um setor para outro, nosso guarda-roupa para entrevistas pode precisar mudar dependendo do cliente do consultor. Nas empresas mais formais, como bancos de investimento, uma roupa adequada significa terno escuro, camisa branca engomada com punho duplo e abotoaduras, gravata tipo Hermes, meias pretas até os joelhos e sapatos pretos de couro, de amarrar, com biqueira e seis ilhoses. O visual correspondente para a mulher é terno azul-marinho com saia, blusa de seda, lenço de seda com grife, sapatos pretos fechados com salto cinco e meias de seda cor da pele.

Para uma empresa de tecnologia, os padrões são muito mais informais. Mas quer você esteja fazendo uma entrevista na Microsoft ou na Goldman Sachs, com poucas exceções, quanto mais formal for seu traje, melhor será seu perfil de executivo. Sabendo que o traje tem um poder imenso para torná-los adequados ou não ao ambiente de um cliente, os executivos com perfil de líder se dispõem a deixar de lado suas próprias preferências para dar uma ótima impressão ao empregador potencial. Entendem que a seleção de roupas tem muito menos a ver com o gosto pessoal e muito mais a ver com o que os outros pensam.

Trajes que os consultores condenam incluem: terninho de poliéster, camisa de manga curta, roupas feitas de material brilhante, gravatas largas e gravata-borboleta. Um consultor, ansioso para entrevistar um candidato para um cargo de alto nível em uma empresa de produtos de consumo em crescimento, tinha certeza de que seu candidato estava à altura do cargo. "Ele tinha um currículo fenomenal, falava bem ao telefone e suas referências eram ótimas", lembra-se o consultor. "Quando me encontrei com ele no aeroporto, vi um sujeito de má aparência em um terno de poliéster amassado, com uma camisa de manga curta que lhe caía mal e uma gravata larga cor de néon. Tecnicamente, ele estava correto, mas estava extremamente mal-arrumado."

Na maior parte das vezes, os candidatos vestidos inadequadamente são rejeitados antes de serem encaminhados para o cliente. Diz Bernadette Pawlik: "Um de meus candidatos veio para uma entrevista formal de camiseta, sapato social e meia esportiva. Não fiz o laudo dele."

Vista-se de acordo

Se o seu objetivo é passar da linha de frente para um cargo gerencial, lembre-se de mudar seu guarda-roupa. Larry Tyler, que recruta exclusivamente no setor de assistência médico-hospitalar, conversa com muitos médicos que usam camisa de manga curta e gravata-borboleta ao recrutar executivos para o sistema de assistência médico-hospitalar. "Digo-lhes para usarem camisas de manga comprida e gravatas para a entrevista com o cliente", diz Tyler. "Pode usar sapatos esportivos, manga curta e gravata-borboleta quando estiver praticando medicina, mas os administradores têm de se vestir de maneira adequada. Eles podem voltar a usar gravata-borboleta depois que conseguirem o emprego."

> *À medida que ganham mais classe, os executivos podem ficar mais bonitos e elegantes. Se um consultor nota suas roupas, talvez você esteja vestido de maneira inadequada ou exagerada. Suas roupas devem focalizar a atenção em você — e não o contrário.*
>
> JACK CLAREY, sócio, CLAREY, ANDREWS & KLEIN

Cuidado para não parecer bonito demais

O consultor Jack Clarey diz que alguns executivos — principalmente aqueles que vieram da classe média baixa — podem exagerar quando começam a ganhar dinheiro. "Se notamos suas roupas, você escolheu a roupa errada. As roupas devem torná-lo o foco de atenção, e não o contrário." Um consultor lembra-se de ter entrevistado um homem que usava um anel de ouro em cada dedo e tinha um lenço de renda enfiado no bolso. "Mesmo para o setor de entretenimento, estava um pouco exagerado", diz ele. Dennis Carey, consultor da Spencer Stuart na Filadélfia, concorda que muitos candidatos se desqualificam porque estão arrumados demais. "Na maioria das empresas, os produtos, a estratégia e os clientes ditam o que é considerado aceitável no que diz respeito ao traje."

Dick Cronin estava recrutando um executivo de marketing para uma empresa de golfe. Entrevistou o candidato a caminho de um campeonato de golfe, e ambos usavam traje esporte. Mas, quando o candidato compareceu de roupa esporte para uma reunião com o alto executivo da empresa na sede, foi um inferno. Visivelmente incomodado, o CEO disse ao candidato que não era normal ir a uma entrevista sem terno. O candidato disse: "É assim que eu sou — é pegar ou largar". E a empresa "largou". "Quando você está em uma entrevista com o presidente, vista-se como o presidente", aconselha Cronin.

Traje esporte

Norm Mitchell, ex-vice-presidente da A. T. Kearney Executive Search, reclama da ascendência do traje esporte em todas as corporações americanas. "Certamente isso afeta o perfil de uma pessoa como executivo, porque muitas empresas adotaram o traje esporte ainda mais informal." Mitchell sugere que os candidatos usem trajes formais para se reunir com consultores, a não ser que trabalhem em um ambiente informal em período integral e estejam fazendo uma entrevista para um cargo em uma empresa também informal. E as entrevistas com o cliente? "Vista-se como você o faria para qualquer outra entrevista, a não ser que o cliente dê instruções em contrário."

SAPATOS: A JANELA DA ALMA

Muitos consultores são apaixonados pelo assunto "calçados". Como um *headhunter* diz: "Os sapatos são a janela da alma". Quando você se encontrar com um consultor, cuidado: os sapatos que você usa podem ser ainda mais importantes que sua roupa.

> *O cinto e os sapatos são os elementos mais notados. Os cintos ficam desgastados; não gosto de ver cintos ou sapatos muito usados. Nas mulheres, não gosto de ver unhas compridas ou esmalte lascado ou unhas postiças, ou muita jóia que faz ruído ao bater na mesa.*
>
> J. Robert Clarke, diretor, Furst Group/MPI

"Certa vez, entrevistei uma sócia de uma grande empresa de contabilidade para ser diretora de contabilidade global de uma indústria", diz Susan Bishop. "Suas credenciais eram excelentes. Além da experiência na Big Five, tinha mestrado em contabilidade e excelentes referências. Mas chegou na entrevista usando um terninho esporte e sandálias de salto baixo. Aquelas unhas dos pés! Parecia que ela achava que íamos tomar um café no sábado de manhã."

O estilo do sapato que você escolhe para sua entrevista fala muito sobre seu perfil de executivo. Embora seja possível disfarçar ternos de baixa qualidade com lenços e outros acessórios, é impossível disfarçar sapatos baratos. Os modelos são mais grosseiros, o couro é mais duro e costumam fazer barulho. Uma consultora lembra-se de ouvir os sapatos de seu candidato rangerem a cada passo que ele dava.

A condição de seus sapatos é outra pista para o consultor. Os sapatos devem estar limpos e bem engraxados e, de preferência, ter sola fina. Um consultor desqualificou seu melhor candidato quando ele apareceu para a entrevista vestido impecavelmente, mas usando "sapatos de chão de fábrica" — com bico largo e sola grossa. Outro consultor de Wall Street colocou um candidato de volta na lista de espera quando ele chegou para uma entrevista usando mocassim em vez de um modelo de amarrar, com biqueira e seis ilhoses.

Veja se suas meias cobrem bem suas pernas cabeludas. O consultor Gerry Roche certa vez entrevistou o executivo número dois de uma importante indústria química para um cargo de CEO em uma grande empresa de embalagem. "O sujeito chegou em meu escritório na Park Avenue durante a semana usando meias curtas", diz Roche. "Toda vez que cruzava as pernas, apareciam dez centímetros de pernas." Mas, quando Roche lhe disse para usar meias mais longas, "o candidato olhou para mim como se eu fosse a morte em pessoa". O candidato acabou sendo selecionado para o cargo, mas agora só usa meias três quartos.

ACESSÓRIOS: SUTIS, ELEGANTES E ESTÁTICOS

Os acessórios são importantes para estabelecer e reforçar seu *status* e seu posicionamento relativo. Gravatas, lenços, jóias, bolsas, maletas, canetas e óculos são apenas alguns dos itens que os consultores observam durante as avaliações de candidatos. As regras para acessórios são muito claras: sem exageros e somente da mais alta qualidade.

Jóias para homens devem se limitar a relógio, aliança de casamento e abotoaduras

Alguns homens insistem em usar grandes anéis de formatura, mas a maioria dos consultores desaconselha o uso deles porque parecem provincianos. Um consultor lembra-se de ter entrevistado um candidato a um cargo em um banco de investimento. "Quando vi sua pulseira de ouro e um grande anel, desconfiei que não ia passar. E então ele me contou sobre seus três divórcios e sobre suas férias em Vegas. Eu o rejeitei apenas com base em sua aparência e estilo."

Relógios

Não use um relógio esporte com um terno. Um consultor de Chicago certa vez recomendou um candidato altamente qualificado para um cargo de superintendente em uma empresa de TV a cabo. O cliente gostou dele, mas odiou o relógio, um modelo para mergulho, muito grande, com vários ponteiros e pulseira de plástico. "Eu nunca contrataria alguém que usa esse tipo de relógio", disse o cliente. "Estamos tentando captar recursos, e esse relógio não está de acordo com os padrões dos nossos banqueiros de Wall Street."

Jóias

As jóias para mulheres devem ser sutis e estáticas. Evite brincos com pingentes, pulseiras que fazem ruído, anéis com grandes pedras coloridas e qualquer coisa grande demais. Brincos e colar de pérola indicam aos consultores que a candidata "tem classe" e pode-se confiar em sua aparência elegante e profissional.

Cintos

Cintos são outro símbolo importante do lugar de um candidato na hierarquia. Paul Hawkinson, editor de *The Fordyce Letter* e ex-consultor de executivos, lembra-se de conduzir uma seleção de executivos no início da década de 70 para ocupar o cargo de diretor de propaganda em uma grande empresa de petróleo na cidade de Oklahoma. O salário era de US$ 300 mil por ano. Depois de encontrar um candidato em Minnesota e qualificá-lo pelo telefone, Hawkinson, aliviado por encontrar alguém, estava ansioso para conhecer aquele homem. "Não é tão fácil despertar em um talento o interesse em se mudar para a cidade de Oklahoma", diz ele. Mas a realidade física foi completamente inesperada. "Ele usava um terno amarelo de caubói e botas, um cinto com uma fivela de bronze que dizia 'The Best', tinha um bigode de pontas viradas e não tinha os dentes da frente. Era exótico", diz Hawkinson.

Outros desastres relatados pelos consultores incluíram um candidato que usava um cinto com uma grande fivela no formato do Texas; um homem com cinto de plástico que dizia usar terno Armani e mocassim Gucci; e um candidato que amarrou um cordão na cintura e disse "meu cinto está na lavanderia". Use sempre um cinto de couro de alta qualidade que combine com seu terno.

Até os óculos podem causar uma boa impressão

Ann Peckenpaugh, ex-vice-presidente da Schweichler Associates, lembra-se de uma seleção extremamente difícil em que seu cliente sempre pedia "só mais uma pessoa" toda vez que ela apresentava um ótimo candidato. "Finalmente, o cliente encontrou o candidato e eu percebi por quê", diz ela. "Os dois usavam o mesmo estilo de armação de óculos. Se os candidatos se parecem com o cliente, eles têm mais sucesso."

CABELO: LIMPO, BEM CORTADO E LONGE DO ROSTO

Se o seu cabelo é tingido, verifique se não é hora de tingi-lo antes da entrevista. Para os homens em qualquer setor, exceto entretenimento, varejo e computadores, pêlos no rosto — principalmente a barba — são indesejáveis. "A barba faz você parecer um professor ou um estivador", de acordo com um consultor. Outro diz: "Estamos aqui para ajudar nossos clientes a encontrar talentos administrativos qualificados, mas também estamos aqui para encontrar alguém com quem possam se sentir bem. Alguns clientes nos dizem que não confiam em ninguém com barba ou bigode. Então, encontramos alguém que não os use".

De acordo com os consultores, as mulheres que têm cabelos abaixo do ombro devem cortá-los ou tirá-los dos ombros e do rosto. "Cabelos longos fazem uma mulher parecer menos madura e diminuem seu perfil de executiva", diz um consultor. "Balançar os cabelos distrai, e, embora provavelmente não signifique um chamado para a aproximação, pode ter esse efeito."

Alguns clientes eliminam candidatos que não têm cabelo. Quando começou a conduzir seleções de executivos, Peter Crist, CEO da Crist Associates, em Chicago, apresentou um candidato bem qualificado, calvo, a um cliente. O cliente o rejeitou dizendo a Crist: "Gosto de suas competências profissionais, mas... onde está o cabelo dele?".

Outros detalhes de cabelo notados por consultores detalhistas incluem sobrancelhas espessas que crescem e viram uma só, cabelo na testa ou no pescoço e pêlos saindo das orelhas e das narinas. E não há nada pior que uma peruca feia, diz o consultor Norm Mitchell.

POSTURA: O QUE MAMÃE NOS ENSINOU

Sua postura e seu porte enviam fortes mensagens sobre seu nível de autoconfiança e assertividade. O consultor Jack Clarey estava conduzindo uma seleção para um cargo de executivo sênior em uma grande indústria em Midwest. Um dos melhores candidatos era uma mulher com qualificações extraordinárias, que foi eliminada devido à sua má postura. "Era encurvada e parecia que estava de ressaca. Por causa de suas qualificações, foi apresentada ao cliente assim mesmo, mas não tinha o perfil de comando que nosso cliente estava procurando", diz Clarey.

APARÊNCIA PESSOAL: SOB O MICROSCÓPIO

Embora não seja necessário se parecer com Mel Gibson ou Susan Sarandon, a higiene pessoal impecável é fundamental. Mau hálito, odores do corpo, roupa desleixada e unhas por fazer podem eliminar um executivo talentoso mais rápido que uma referência negativa.

Ron Zingaro, consultor que trabalha em Austin, Texas, lembra-se de conduzir uma seleção para uma grande empresa conservadora, de assistência médico-hospitalar, em Midwest. "A empresa queria um executivo sênior de P&D que pudesse trabalhar com a alta equipe de executivos e também com os pesquisadores da empresa. Encontramos um candidato cujo currículo era ideal e voei para São Francisco para tomar o café-da-manhã com ele", diz Zingaro. "E então o vi: roupas desleixadas, camisa aberta e um grande medalhão de ouro. Nós o eliminamos."

"Se você quer ser levado a sério como profissional, precisa vestir-se de maneira adequada", diz o consultor Todd Noebel. "Um executivo representa sua empresa para os públicos externo e interno, e uma aparência descuidada ou roupas amassadas levantam suspeitas sobre a qualidade de seu trabalho e sua atenção a detalhes. Você está sob um microscópio e precisa estar preparado."

Outras coisas que você não deve fazer são deixar a camisa desabotoada, usar perfume demais e não cuidar dos dentes. "Uma vez entrevistei um candidato que tinha um grande triângulo de pele com pêlos acima do cinto", diz um consultor. Outros relatam não agüentar o perfume, a loção pós-barba e até pastilhas para hálito. Larry Tyler recentemente eliminou um candidato cujo dente da frente, quebrado — e não houve explicações a respeito —, o distraiu durante uma entrevista. "Eu o apresentei ao cliente, mas o dente quebrado também o distraiu", diz Tyler. "Os clientes podem superar um problema físico ou uma deficiência se for de nascença ou incurável, mas não toleram problemas físicos que podem ser resolvidos", diz um consultor. "Problemas odontológicos são considerados de possível reparação."

Avaliação do Consultor: Aparência

O QUE AJUDA

    Forma física

    Apresentação impecável

    Relação adequada entre altura e peso

    Roupa conservadora, adequada ao ambiente da empresa

    Roupa de qualidade

O QUE PREJUDICA

    Roupas baratas

    Má postura

    Uso exagerado de perfume

    Aparência desleixada

    Unhas com esmalte lascado

    Brincos com pingentes

E NUNCA...

    Deixe pernas nuas à mostra

    Use sapatos sem engraxar, desgastados

    Deixe suas sobrancelhas virarem uma só

7

COMO VOCÊ SE COMPORTA

Se suas maneiras e seu porte deixam a desejar, você não será recomendado para um cargo de executivo.

O candidato e o consultor estavam almoçando depois de uma entrevista de duas horas. "Eu quero um filé à Nova York malpassado. Separe a cebola da carne. Não quero cebola no filé", disse o candidato. É claro que o filé chegou cheio de cebolas. "Eu acho que lhe disse sem cebola!", reclamou o candidato para a constrangida garçonete. "Leve-o de volta e me traga o que lhe pedi!"

Em outro caso, um candidato perguntava insistentemente à consultora quem era o cliente dela, que produtos fabricava e há quanto tempo estava no mercado — perguntas que eram plenamente tratadas na descrição do cargo e em materiais que ela tinha lhe enviado duas semanas antes da entrevista. "Por que esse sujeito voou 1.600 quilômetros para falar com uma empresa que desconhecia é algo que nunca vou descobrir", diz a consultora, que o riscou da lista no meio da conversa.

Seu currículo e suas realizações podem ser excepcionais. Você pode parecer um piloto de avião e falar como um âncora de TV. Mas, se o seu porte e suas maneiras não forem corretos, você não será recomendado para um cargo de executivo.

Para um consultor, a postura apresenta três componentes principais: autoconfiança, preparo e maneiras. Cada um desses fatores tem um peso importante na avaliação que um consultor faz de seu perfil de líder. É impossível aumentar seu nível de autoconfiança para uma entrevista, mas é fácil diminuí-lo, principalmente se você se esquecer de que é o alvo das atenções, do momento em que entra no campo de visão do consultor até o momento em que se retira.

Você pode dizer em cinco minutos se vai dar certo ou errado. As pessoas que se parecem e agem como líderes são tranqüilas, mas ativas, otimistas, dispostas a conseguir o máximo dos outros. Além disso, olham nos seus olhos e falam corretamente.
BERT H. EARLY, EX-PRESIDENTE
EARLY, COCHRAN & OLSON, LLC

Executivos com boa postura são altamente sensíveis aos sentimentos e reações das pessoas e estão constantemente cientes de como sua própria presença física, emocional e intelectual afeta os outros. Em um processo de seleção, seguem os melhores conselhos das mães: chegam na hora, dizem "por favor" e "obrigado", tratam os outros da maneira como gostariam de ser tratados, movimentam-se com dignidade e elegância e mantêm o corpo reto ao ficarem de pé.

AUTOCONFIANÇA

Todo consultor entrevistado para este livro mencionou a autoconfiança como o fator fundamental no candidato com perfil de executivo. Poucos, no entanto, foram capazes de definir o que significava autoconfiança para eles. Alguns consultores disseram que era o nível de segurança e descontração que o candidato demonstrava em uma situação estressante. Outros disseram que era sua capacidade de se manter inalterado. Para outros, era a capacidade que o candidato tinha de conduzir a discussão de acordo com seus próprios interesses. Veja a seguir outros indicadores de autoconfiança.

Conversa fiada

Não comece a falar do cargo assim que vocês se encontram. Como executivo, espera-se que você seja capaz de conversar fiado por alguns minutos, quando conhece o consultor. Os melhores assuntos para aqueles que estão tentando ficar à vontade incluem o clima, sua viagem de avião (ou a do consultor) ou esportes.

Seja direto

Ao responder a uma pergunta ou fazer um comentário, seja objetivo. A consultora Helga Long diz que alguns candidatos ficam tão ansiosos para impressionar que monopolizam a conversa. "É preciso haver uma troca. Se eu quiser saber mais, perguntarei", diz Long.

Não exagere

Espera-se que você seja um participante ativo na entrevista, e não fique simplesmente acenando com a cabeça. Respostas com uma única palavra sugerem que você está desinteressado, assustado ou é presunçoso. Steven Darter conta de uma seleção em que o candidato, um homem sisudo, de semblante pesado, entrou para a sala de entrevista com um chapéu fedora preto caído sobre os olhos, e as mãos enfiadas nos bolsos de um grande sobretudo preto. "Parecia um mafioso", disse Darter. "Quando lhe perguntei se queria tirar o sobretudo, ele disse 'nã', e foi assim durante uma hora — ele sentado lá com chapéu e sobretudo, dando-me respostas monossilábicas. Tive medo de ele apontar uma arma para mim."

Entre no palco

Entrar no palco significa saber que você será o alvo da atenção e se preparar para isso em detalhes. Observe o giroscópio interno de qualquer alto executivo funcionar quando ele se aproxima de uma situação desconhecida. Antes de entrar em uma sala de reuniões, ele saberá o que esperar. Descobrirá com quem se reunirá, o assunto da discussão, as questões que serão levantadas e saberá quais os resultados potenciais desejados. Fará uma pausa pouco antes de entrar, em vez de entrar apressado e confuso. Irá direto até a pessoa com quem conversará e dará um sorriso largo e receptivo. Iniciará a conversa procurando conhecer a outra pessoa primeiro. "Excelente conhecê-lo, Sam — Fred Smith", ou "Sam, sou Fred Smith — prazer em conhecê-lo".

> *Você PODE trabalhar nisso — vestir-se bem, estender a mão primeiro, sentar-se na beira da cadeira, demonstrando atenção, ouvir com cuidado e, o mais importante, observar como age quem tem perfil de executivo.*
> Mary Jane Range, ex-vice-presidente,
> Bishop Partners

LINGUAGEM CORPORAL

Sob controle

Os executivos com perfil de líder são capazes de ficar parados. Eles não mudam de um pé para o outro, não puxam as cutículas nem balançam a perna cruzada. Seus movimentos são deliberados e controlados — nada de solavancos nem de movimentos precipitados. Não parecem atrapalhados nem "fora de controle", balbuciando ou interrompendo algo. Não ficam remexendo os bolsos para achar uma caneta, pegar cartões de visita ou passagens de avião, nem ligam constantemente para o escritório. Se derrubam algo, pegam com elegância, sem dificuldade. "Quando um candidato não consegue manter os olhos, as mãos e a boca parados, fico preocupado", diz Chip McCreary. Diz o selecionador Dennis Carey, da Spencer Stuart: "Mesmo que não se sintam no controle, os executivos têm de parecer confiantes. As pessoas abaixo deles precisam acreditar que há alguém no painel de controle, ou se sentirão soltas".

Olhar nos olhos

Olhar nos olhos é um fator que praticamente todo consultor pesquisado mencionou. "É uma parte crítica do perfil de executivo, e sempre fico surpresa quando um candidato não me olha nos olhos", diz Amanda Fox, sócia da Spencer Stuart. "A maioria dos altos executivos domina isso, e é essencial para a postura de um candidato." Entre os executivos dos Estados Unidos, a regra geral é que *quem está falando* deve encontrar uma forma de quebrar o contato do olhar de vez em quando. Entretanto, o *ouvinte* mostra atenção ao passar relativamente mais tempo olhando para quem está falando. Os candidatos devem incentivar com o olhar, acenos com a cabeça e uns "hum-hum" ocasionais, quando o selecionador está falando, para enviar mensagens não verbais sobre sua atenção e seu entendimento.

Candidatos com perfil de executivos sabem como olhar nos olhos de maneira adequada, e usam os olhos para transmitir confiança e autoridade.
Peter Drummond-Hay, diretor administrativo,
Russell Reynolds Associates

Aperto de mão

Como a maioria das pessoas, os selecionadores odeiam apertos de mão sem firmeza e os atribuem à falta de confiança, de interesse ou de educação. Quando procuramos alguém para dirigir uma empresa importante e ele só oferece os dedos, sentimos imediatamente que se trata de uma pessoa que não assume responsabilidades. Seja sempre o primeiro a estender a mão, dê um aperto firme e balance duas vezes. Os selecionadores não gostam muito de usar duas mãos para cumprimentar, como fazem os políticos, e desaprovam qualquer toque subseqüente. Se estiver com as mãos suadas, enxugue-as antes de cumprimentar alguém.

> *Quando estou à procura de alguém para dirigir uma importante empresa e um candidato me estende os dedos, tenho uma forte impressão de que a pessoa não assume responsabilidades. Um aperto de mão rápido é uma negativa imediata — sugere problema de autoconfiança.*
> SUSAN K. BISHOP, PRESIDENTE, BISHOP PARTNERS

Descontração

Muitos selecionadores dizem que observam atentamente se um candidato parece estar à vontade nas entrevistas, consideradas pela maioria das pessoas uma situação altamente estressante. O que eles procuram? Um candidato ativo, mas tranqüilo, controlado e que demonstre estar à vontade em um ambiente não familiar. Para muitos selecionadores, a descontração e a tranqüilidade de um candidato podem compensar um currículo menos brilhante ou outros "fatores formais". Susan Bishop lembra-se de ter conduzido uma entrevista de cortesia com alguém que tinha sido recomendado por um colega para um cargo de CEO em uma empresa de tecnologia. "Seu currículo não parecia bom. Ele era conselheiro-geral da empresa, e nunca tinha assumido um emprego fixo nem tinha trabalhado com alta tecnologia. Mas acabou sendo um de meus melhores candidatos. Era alto, agradável e estava muito à vontade durante a entrevista. Ele percebeu minha preocupação e me perguntou diretamente se seria bom falar sobre ela. E, por ter conseguido falar claramente de sua trajetória de carreira e realizações, percebi que ele tinha capacidade para fazer 90% do trabalho. Meu cliente o adorou."

Cair para trás

Um candidato pode ficar surpreso ou até espantado com as perguntas que um consultor pode fazer, mas não deve demonstrar isso. "Algumas pessoas não conseguem esconder sua confusão ou irritação", diz Ron Zingaro. Muitas vezes, o consultor está testando deliberadamente os reflexos dos candidatos. O consultor Bruce Bastoky faz isso pedindo que os candidatos discutam sua maior gafe, para que ele possa avaliar sua postura e sua credibilidade. "Os executivos com verdadeira postura ou já refletiram sobre isso ou podem assimilar rapidamente a proposta e dar uma resposta aceitável depois de pensar alguns segundos. É uma oportunidade maravilhosa para um candidato mostrar como consegue lidar com situações difíceis e como demonstra sua capacidade de resolução de problemas." Os candidatos que dizem a Bastoky que nunca cometeram uma gafe são riscados da lista. "Procure jamais mostrar surpresa às perguntas que lhe fazem", diz Brian Sullivan.

Expressão feliz

Não agende uma entrevista com o selecionador a não ser que esteja realmente curioso para saber sobre o cargo. Os *headhunters* esperam que os candidatos que abrem mão de um tempo valioso para se encontrar pessoalmente entendam como funciona o processo de seleção e estejam dispostos a participar. Eles rejeitam aqueles que se recusam a seguir as regras do jogo. O *headhunter* Jack Clarey estava recrutando um diretor financeiro para uma empresa de tecnologia de capital aberto, com sede em um ambiente rural. Durante a entrevista, o candidato mais forte de Clarey falava o tempo todo sobre as dificuldades de tirar sua família de uma cidade grande e sentir-se feliz em uma cidade interiorana. "Nem é preciso dizer que o rejeitamos", diz Clarey.

Os empregadores esperam que todo candidato a executivo tenha a atitude certa, além das qualificações e aptidões técnicas. Simplesmente não há tantos cargos de nível sênior.

TODD NOEBEL, PRESIDENTE,
THE NOEBEL SEARCH GROUP

MANEIRAS

Cortesia

Espera-se que você aja como um membro de um clube privativo, e que seus modos sigam os princípios básicos da etiqueta. Se você se concentrar em deixar o selecionador à vontade, vai parar de se preocupar com a impressão que está causando e terá menos chance de perder o controle e dizer algo impulsivamente, ou de cair, atacar o entrevistador ou parecer nervoso. Tome a iniciativa de cumprimentá-lo. Diga "por favor" e "obrigado". Faça o consultor e qualquer outra pessoa que esteja envolvida na entrevista parecerem fortes e cultos para o mundo exterior.

Os executivos com perfil de líder são gentis com pessoas de todos os níveis. Não importa o quanto suas posições sejam altas e o quanto sejam poderosos, eles ouvem mesmo que tenham 30 coisas mais importantes para pensar.
DAYTON OGDEN, EX-PRESIDENTE, SPENCER STUART

Refeições

"Você pode dizer mais sobre a postura e a autoconfiança de alguém pela maneira de comer do que em qualquer outra situação." Uma vez que a falta de educação à mesa pode ameaçar sua candidatura, a maioria dos consultores recomenda evitar refeições durante a primeira entrevista. A mesa de jantar é repleta de perigos que podem afetar sua postura. Além de ser difícil conversar e comer ao mesmo tempo, é quase impossível pensar e lidar com menus, talheres, drinques, garçons e toda a parafernália que acompanha a refeição.

Gerry Roche lembra-se de ter apresentado um executivo de marketing da IBM a uma empresa financeira que queria aprimorar seus esforços de vendas e marketing. "Naquela época, quando a IBM era uma verdadeira potência, todos queriam imitar seu sucesso de marketing", diz Roche, que reuniu o candidato e o diretor financeiro da empresa para um almoço em um clube privativo. O candidato, que estava visivelmente nervoso, disse ao *maître* que queria "Número dois, e malpassado". Depois de anotar os pedidos de Roche e do *chairman*, o *maître*, em tom sarcástico, perguntou ao candidato se ele queria mesmo o número dois, malpassado. "Não só malpassado, mas muito malpassado", retrucou o candidato. Depois de trocar olhares com Roche, o *chairman* disse: "Você devia saber que o número dois — linguado — é peixe. Se comer peixe cru, morrerá". "E ele quase morreu", disse Roche, rindo.

Pense nos detalhes — com quem vai se encontrar, aonde vai — e comporte-se adequadamente. E, segundo Roche, nunca peça sopa de cebola. Outros consultores são menos condescendentes. "As maneiras de um candidato à mesa são um espelho de seu estilo gerencial. Almoçar com um candidato é o modo mais rápido de descartar um fracasso", diz um consultor de Chicago.

Elegância social

Os executivos com perfil de líder conseguem fazer você se sentir a única pessoa na sala, diz a consultora Dale Winston. "Não é um truque secreto — é uma questão de foco e energia", acrescenta. Os consultores supõem que você interagirá com seu cliente da maneira como faz com eles; por isso, evite dar a impressão de que está lhes fazendo um favor de se reunir com eles. Mesmo que você esteja indeciso, é de seu interesse agir como se quisesse estar lá.

A melhor maneira de melhorar seu perfil de executivo é ser humilde. Faça perguntas boas, faça a "lição de casa", mantenha os olhos abertos e a boca fechada, diga "por favor" e "obrigado", tire férias e assegure que sua vida familiar esteja bem.
RUSSELL S. REYNOLDS JR., FUNDADOR,
RUSSELL REYNOLDS ASSOCIATES

Não use o consultor como intermediário para reembolsos de despesas. Todd Noebel certa vez almoçou com um candidato que tinha boas credenciais e referências. Queria discutir um cargo de executivo na área fiscal. Infelizmente, o candidato confirmou o estereótipo. "Ele simplesmente não conseguia manter uma conversa sociável", diz Noebel. "E me disse que ia pedir sobremesa porque a despesa era por minha conta."

O consultor Fred Siegel lembra-se de ter conduzido uma seleção para um cargo de presidente de uma indústria de papel em Oregon. "O currículo de meu candidato era brilhante: como vice-presidente executivo de uma grande indústria, tinha experiência operacional no setor que meu cliente estava procurando. Voei para Midwest para me encontrar com ele às 11h da manhã e, embora tivéssemos nos reunido durante apenas duas horas, fiquei impressionado com suas habilidades de comunicação, sua postura e sua presença. Comecei a suspeitar que algo estava errado quando ele me enviou um relatório de despesas detalhando despesas de estacionamento, almoço e jantar. Quando visitou a fábrica do cliente, a reação foi "ele é arrogante". Depois de remarcar a visita à fábrica quatro vezes, ele apareceu de roupa esporte e foi grosseiro com os gerentes intermediários e operários da fábrica. Três referências confirmaram que, embora ele fosse brilhante, era grosseiro e arrogante.

PREPARAÇÃO E *FOLLOWUP*

Muitos executivos não conseguem perceber as responsabilidades que aceitam quando concordam em assumir o cargo. "Alguns candidatos persistem em acreditar que um convite para se reunir com um consultor é essencialmente uma oferta de emprego, e sua arrogância geralmente é insuportável", diz um consultor. Outros alegam estar interessados na posição, mas se recusam a fornecer informações sobre sua formação ou a responder qualquer coisa além de "sim" e "não". Outros parecem ansiosos demais e agem como se precisassem do emprego — uma maneira de prejudicar o perfil de executivo.

Prepare-se. Leia sobre a empresa, o setor e as tendências relevantes. Entre para a entrevista como se estivesse entrando na sala do conselho.
DAVE PALMLUND, SÓCIO SÊNIOR, LAI WORLDWIDE

Observe atentamente os executivos com perfil de líder e notará que eles controlam seus sentimentos, ações, aparência etc. Eles também controlam as informações. Os candidatos a cargos de executivos devem aprender que nunca se entra em uma reunião sem ler um relatório de duas páginas: não vá para uma entrevista com um consultor antes de ter estudado minuciosamente a descrição do cargo, o relatório anual da empresa e seu material promocional.

Os consultores têm uma péssima impressão de candidatos que pedem dados básicos ou que não conseguem nem se lembrar do nome do cliente. Você não pode fazer perguntas inteligentes se não souber nada sobre o setor, as operações e o desempenho do empregador potencial. Um exame atento do relatório anual da empresa e de seu site é o mínimo que se deve fazer antes da entrevista. Não faça perguntas que estejam claramente respondidas nessas publicações.

Os candidatos que chegam munidos de anotações e informações sobre a empresa cliente me impressionam. Fico ainda mais impressionada quando trazem uma lista de perguntas.
DALE WINSTON, CHAIRWOMAN E CEO,
BATTALIA-WINSTON INTERNATIONAL

A maioria dos consultores sugere que você faça uma lista de perguntas e assuntos que deseja discutir antes de ir para a entrevista. Não é necessário tê-las por escrito antes da reunião, mas é essencial ter uma programação. Merle Owens — experiente consultor de executivos de Fort Worth, Texas — e outros consultores esperam que os candidatos façam anotações durante a entrevista. "Um candidato não precisa anotar tudo o que for discutido, mas fazer algumas anotações indica que deseja registrar algumas informações novas para refletir", diz Owens.

Os consultores observam atentamente como os candidatos lidam com o final da reunião. "Se estão interessados na posição, é importante que me perguntem sobre os próximos passos e quando voltarei a me comunicar com eles. Os melhores candidatos sempre querem clareza no processo e no cronograma de decisão do cliente. Aqueles que simplesmente nos cumprimentam e saem da sala ou estão assustados demais, acreditando que causaram uma má impressão, ou estão completamente desinteressados."

Avaliação do consultor: Postura

O QUE AJUDA
    Estar preparado com perguntas, respostas e evidências
    Demonstrar que está à vontade
    Olhar nos olhos
    Pontualidade
    Boas maneiras à mesa
    Controle e tranqüilidade
    Estar bem consigo mesmo

O QUE PREJUDICA
    Arrogância
    Chegar atrasado
    Evasivas
    Preocupar-se consigo mesmo
    Defensiva

E NUNCA...
    Pergunte se a posição é boa o suficiente para alguém como você
    Tome bebida alcoólica durante um almoço ou jantar de uma entrevista de emprego
    Fale mal de seu empregador atual ou anterior
    Esqueça o nome do consultor ou de seu cliente

A NOVA ENTREVISTA DE EMPREGO E DEZ MANEIRAS DE ESTRAGAR TUDO

Os candidatos com excelentes credenciais às vezes caem na falácia de que a única coisa que precisam fazer para conseguir o emprego é comparecer e responder às perguntas. Mesmo que a empresa o esteja recrutando, perceba que você pode ser descartado facilmente nos seguintes casos:

1. **Parecer desinteressado.** O *headhunter* Jack Clarey estava recrutando um diretor financeiro para uma empresa de tecnologia de capital aberto com sede em uma comunidade rural. Durante a entrevista, o candidato mais forte de Clarey falava o tempo todo sobre as difi-

culdades de tirar sua família de uma cidade grande e de conseguir sentir-se feliz em um lugar rural. "Nem é preciso dizer que o rejeitamos", diz Clarey. Não faça a entrevista se não tiver interesse no novo cargo. O consultor ou a empresa podem tê-lo chamado, mas espera-se que você demonstre curiosidade e entusiasmo quando comparece a uma entrevista.

2. **Não fizer a "lição de casa".** Você não pode fazer perguntas inteligentes se não souber nada sobre as operações, o setor e o desempenho de seu empregador potencial. Um exame atento do relatório anual e do site da empresa é o mínimo que você deve fazer antes da entrevista. Não faça perguntas que estejam claramente respondidas nessas publicações.

3. **Falar demais.** Um candidato interno para um alto cargo em um importante banco de investimento era o ideal para a especificação do cargo, de acordo com o consultor Jac Andre, ex-sócio da Ray & Berndtson. Mas foi automaticamente desqualificado quando falou durante mais de uma hora sem dizer nada importante. "Ele ia e voltava sem responder às minhas perguntas", diz Andre. Quando responder a uma pergunta ou fizer um comentário, seja objetivo. Nada demonstra mais sua falta de autoconfiança do que comentários infindáveis que não vão a lugar nenhum.

4. **Falar pouco demais.** Espera-se que você seja um participante ativo da entrevista e não fique simplesmente acenando com a cabeça. Respostas com uma única palavra sugerem que você está desinteressado, assustado ou é presunçoso.

5. **Não mostrar boas maneiras.** Ann Peckenpaugh, uma consultora da Board Search Partners, estava convencida de que um candidato era perfeito para sua cliente, uma empresa iniciante de alta tecnologia no Vale do Silício. "Seu currículo era ideal e, ao contrário de muitos 'tecnicistas', falava bem ao telefone", diz ela. Mas quando ela o encontrou pessoalmente para jantar, ficou horrorizada ao vê-lo pegar o frango com as duas mãos e puxar a carne do osso. "Estávamos esperando que ele rosnasse", diz Peckenpaugh.

6. **Falar mal de seu atual (ou antigo) empregador.** Falar mal de seu chefe atual talvez seja o maior erro em uma entrevista. Os consultores e empregadores sabem que, se você "lava a roupa suja" de sua empresa atual, é provável que faça o mesmo em seu próximo cargo. Mesmo que esteja convencido de que seu chefe é um marginal, limi-

te-se a suas próprias realizações e ao desempenho resultante da empresa, ao discutir sua situação atual.

7. **Assumir o crédito por coisas que não fez.** Embora seja importante explicar seu papel nos resultados obtidos, não exagere sua autoridade ou responsabilidade. Qualquer coisa que você diga ter feito será totalmente checada com seus colegas, clientes ou chefes atuais ou anteriores. E evite dizer "eu" o máximo possível. Ninguém em um ambiente corporativo faz as coisas sozinho.

8. **Esconder furos em seu currículo.** Não siga o exemplo do candidato que aconselhou o *headhunter* Chip McCreary, *chairman* da Austin-McGregor International, a não ligar para ele no trabalho porque o sistema de voice-mail estava sendo substituído. "É claro que liguei imediatamente", disse McCreary. "A recepcionista me disse que ele não estava mais na empresa." Períodos de desemprego, datas e diplomas são fáceis de confirmar. Trate dos períodos fora do mercado de trabalho ou de problemas importantes de maneira clara e objetiva.

9. **Mostrar falta de confiança no futuro empregador.** O consultor Steven Darter, presidente da People Management Northeast, certa vez entrevistou um candidato que passou uma hora citando os problemas da empresa consultora. "Ele me disse que poderia dar uma virada na empresa, mas que não poderia me dar detalhes", diz Darter. "Foi riscado da lista no instante em que saiu da sala." Não há problema em expressar preocupações sobre algum aspecto da estratégia, da linha de produto ou das operações do empregador potencial — principalmente se você sugerir uma abordagem que funcione melhor. Mas não deixe que a entrevista se torne uma sessão de críticas. Os empregadores querem gerentes entusiasmados com oportunidades, e não que reprovem erros passados.

10. **Negociar cedo demais.** Se você levanta a questão da remuneração, fica claro para os consultores e empregadores que seu interesse principal é o dinheiro, e não a oportunidade. Espere até que eles toquem no assunto, e não negocie durante a entrevista. Espere um dia para formular sua resposta.

8
O QUE VOCÊ DIZ

O que você diz revela sua maneira de pensar, de se relacionar com as pessoas, de tratar de um problema, de transmitir uma mensagem e de lidar com o estresse.

O candidato parecia adequado para o cargo de COO (*Chief Operating Office*) no cliente do consultor, uma empresa de serviços financeiros de US$ 2,1 bilhões. Com uma formação brilhante, personalidade agradável e uma aparência de piloto que combinava bem com a do CEO da empresa, o candidato era o número um na curta lista do consultor. Mas, quando lhe pediram para resumir suas realizações mais importantes em seu cargo atual, "ele só enrolou", diz o consultor. "Ouvi sobre o programa de treinamento de vendas, o novo sistema de informatização, a política de uso de roupas informais, a adição de um serviço de operações bancárias internacionais, a abertura de quatro novas agências e assim por diante. Ele não relacionou nenhuma dessas realizações ao resultado financeiro, nem me disse qual o impacto que tiveram na lucratividade da organização ou na sua posição no mercado."

O QUE VOCÊ REVELA

Currículo, roupas, acessórios e corte de cabelo podem fazê-lo parecer um executivo bem-sucedido e educado. Mas, quando você abre a boca, revela uma série de pistas sobre sua capacidade de raciocínio, habilidades pessoais, postura, nível de energia e paixão — fatores que contribuem para o perfil de executivo. A maioria dos consultores afirma que o que você diz é o fator mais importante para julgar seu valor para um cargo, porque a fala revela muito mais que suas idéias e julgamentos. Ela expõe sua maneira de pensar, de se relacionar com as pessoas, de tratar de um problema, de lidar com a tensão e de transmitir uma mensagem.

No passado, os executivos ficavam em seus escritórios e ditavam memorandos que suas secretárias distribuíam. Não é mais assim. Na cultura atual, de mensagens instantâneas, principalmente nos Estados Unidos, espera-se que os executivos transmitam a maioria de suas mensagens oral ou eletronicamente. Incontáveis estudos sobre a produtividade organizacional têm mostrado que as opiniões dos funcionários sobre as explicações dadas pela direção sobre o futuro da empresa são um dos maiores prognósticos de produtividade e de motivação do trabalhador. Quanto mais "conectados" se sentem à pauta da diretoria, mais positivos se tornam. Já não basta que as pessoas entendam o que se espera delas; precisam também aceitar suas tarefas.

Hoje, as pessoas não aceitam mais a imposição de fazer automaticamente o que a empresa mandar. Elas passaram a pensar que têm o direito de entender por que algo será feito. Acreditam que têm o direito de julgar se um procedimento é correto, de questionar os líderes e de se envolver pessoalmente no processo de tomada de decisão. Em um cenário desses, não é de surpreender que os executivos seniores não só sejam julgados, mas também dependam totalmente de suas habilidades de comunicação para persuadir, convencer e liderar um grupo. Os executivos que não conseguem se comunicar com públicos variados não têm muita chance de assumir um cargo de diretor sênior.

Talvez você seja um dos felizardos cujas habilidades espetaculares de comunicação já foram alvo de comentários. Nesse caso, você provavelmente fez inúmeras entrevistas com um consultor e está familiarizado com o conselho dado neste capítulo. Mas, se você for como a maioria dos executivos, não tem certeza de que suas comunicações orais são tão fortes quanto possível. Pior: você pode estar convencido de que suas habilidades de comunicação são excelentes, e é só uma questão de tempo até que todos percebam isso.

UM FARO PARA DETECTAR LAPSOS

A maioria dos consultores conversa literalmente com milhares de pessoas todos os anos e tem uma antena especial para diagnósticos e um talento singular para reconhecer um lapso, ou, pior, um vácuo. Os consultores também são hábeis em apontar as falhas de comunicação que podem destruir rapidamente sua carreira de executivo.

Considere a candidata cujo currículo e antecedentes pessoais pareciam "ideais" para um cargo de vice-presidente sênior de marketing em um dos maiores bancos comerciais dos Estados Unidos. Convencida de que o emprego era dela, passou duas horas narrando as campanhas publicitárias que tinha feito durante sua gestão em uma instituição financeira regional. "Toda vez que eu lhe fazia uma pergunta sobre a estratégia do banco ou como havia criado a função de marketing, ela voltava para aquelas campanhas publicitárias", diz o consultor que conduziu a seleção. "A pior parte foi que ela não conseguiu quantificar os resultados que as campanhas geravam nem os custos *versus* benefícios."

Por outro lado, a maioria dos consultores concorda que boas habilidades de comunicação podem resgatar um candidato que esteja "balançando" ou fortalecer a candidatura de um executivo menos cotado. Enquanto estava selecionando um novo *chairman* para uma instituição falida de poupança e empréstimo, Dave Lauderback concordou em entrevistar um candidato cuja formação não se encaixava no perfil. Embora o candidato tivesse experiência de dar guinadas em situações difíceis, sua formação acadêmica não ortodoxa — ele havia freqüentado a escola de *chefs* em Boston — preocupava Lauderback. "Ao conhecê-lo pessoalmente, fiquei convencido de que era a pessoa certa", diz Lauderback. "Ele exalava controle e liderança e conhecia bem os participantes. Conversava usando termos simples sobre o que tinha acontecido e apontava com precisão o que precisava ser feito. Com suas habilidades de comunicação, conquistou o emprego — vi nele a capacidade de ter sucesso em uma situação difícil."

VOCÊ: O RELATO

Os consultores conduzem extensas pesquisas sobre os antecedentes dos candidatos. Além de extrair dados sobre sua formação acadêmica, realizações e perfil de executivo a partir de conversas pelo telefone e entrevistas pessoais com você, os consultores (ou seus assistentes) confirmam seus diplomas acadêmicos e histórico de emprego e exploram o que seus antigos colegas, clientes e chefes dizem sobre você por meio de ligações telefônicas, para terem referências sólidas. Mas o serviço básico que oferecem a seus clientes, além de escolher os candidatos qualificados, é entender o significado de todas essas informações. Diante de um mar de evidências objetivas, opiniões subjetivas, percepções aleatórias, intuições e pistas, o desafio profissional do consultor é transmitir sua capacidade especial para assumir o cargo em questão, usando uma narrativa simples.

> *Os melhores candidatos são capazes de traçar paralelos entre sua própria experiência e o que o cliente precisa. São capazes de integrar — avaliar qual é a oportunidade e fazer uma avaliação completa do que podem oferecer à empresa.*
> AMANDA C. FOX, SÓCIA, SPENCER STUART

O serviço que o consultor oferece ao cliente culmina com um relato por escrito: uma avaliação de quatro a seis páginas em um formato que varia pouco de uma empresa para outra. Esse documento de avaliação descreve as realizações, a personalidade e a formação do candidato e julga se ele é adequado para a posição especificada na descrição do cargo — o documento que conduz essencialmente o processo de seleção. Às vezes, a avaliação escrita é transmitida eletronicamente ao cliente pela Internet, ou, no caso de algumas empresas sofisticadas, fica disponível ao cliente em um site seguro. Em uma era de comunicação por vídeo e eletrônica, por que os clientes insistem em apresentações por escrito? "Os clientes gostam de ver uma apresentação por escrito porque ela fica gravada em seu cérebro", disse John T. Thompson, vice-*chairman* da Heidrick & Struggles, que selecionou mais de 70 CEOs em sua carreira de seleção de executivos. "Provavelmente por causa da nossa educação ocidental, com ênfase na palavra escrita."

UM RELATO MELHOR VENDE

A maioria dos *headhunters* gosta da agitação de entrevistas com candidatos e não se incomoda em tomar um vôo transcontinental para fazer uma reunião de duas horas com um candidato em um aeroporto. Poucos, no entanto, ficam ansiosos para colocar tudo no papel — ou no computador. Embora certamente haja alguns que gostam do trabalhoso processo analítico de criar uma história coesa a partir das evidências e opiniões que constituem o arquivo de um candidato, muitos consultores ditam segmentos de suas avaliações de candidatos para serem posteriormente montados por seus assistentes. Outros simplesmente editam rascunhos preparados por seus assistentes, alguns dos quais nunca viram o candidato pessoalmente.

Entretanto, os consultores são suficientemente sagazes para saber que um relato melhor vende um candidato mais rapidamente. E o candidato que pode ajudá-los a transformar essas pequenas evidências em um relato interessante, digno de crédito, é aquele que tem a melhor chance de conseguir o emprego.

Seu objetivo é apresentar seu histórico profissional de uma maneira tão eficaz e verdadeira que o consultor simplesmente transcreverá seus comentários em um formato padronizado e os apresentará ao cliente. Como fazer isso? Primeiro, analise as especificações do cargo para identificar os principais intangíveis procurados pelo cliente. Em seguida, organize seu histórico de modo a atender a todas as solicitações do cliente. Finalmente, conte uma história como um jornalista, começando com afirmações contundentes, que sintetizem as idéias, e prossiga com as evidências.

ANALISE A ESPECIFICAÇÃO DO CARGO

A maioria das especificações de cargo fornece os dados básicos sobre o cargo, relações de subordinação, responsabilidades e requisitos do cliente. Poucos declaram explicitamente os requisitos do perfil de executivo, mas fornecem pistas importantes sobre as qualidades intangíveis que a empresa busca.

Por exemplo:

Springfield International, Inc.
ESPECIFICAÇÃO DE CARGO CONFIDENCIAL

POSIÇÃO	Vice-presidente sênior da Corporate Communications and Investor Relations
	Pistas do perfil de líder: novo cargo em uma empresa de US$ 1 bilhão — significa problema. Uma empresa desse porte deveria ter um executivo nesse cargo assim que abrisse seu capital. As habilidades de comunicação (obviamente), a postura e o intelecto serão fundamentais para que a diretoria aprove um bom programa de comunicação.
EMPRESA	A Springfield International Inc. é uma empresa global que fabrica semicondutores. Possui mais de cinco mil funcionários em todo o mundo. Com sede em Los Altos, Califórnia, tem operações em 16 países, com parcerias estratégicas pelo mundo. As vendas excederam US$ 1 bilhão em 1998.
	Oportunidades: jovem empresa de capital aberto com produto procurado; o negócio global pode crescer acentuadamente se for feito um marketing adequado.
	Pistas do perfil de líder: habilidades com outros idiomas e experiência no exterior são uma vantagem. Mas "parcerias estratégicas em todo o mundo" geralmente indicam problemas de comunicação interna. Los Altos é o coração do Vale do Silício; verifique o uso de roupas esportivas para a entrevista. É provável que, na diretoria, o ambiente seja informal e de camaradagem, com pouca distinção entre executivos e funcionários. A experiência em cultura semelhante provavelmente é uma questão importante.

RELAÇÃO DE SUBORDINAÇÃO	Este cargo se reporta diretamente ao vice-presidente sênior e ao diretor financeiro. Trabalha diretamente com a diretoria sênior da Springfield, inclusive o presidente e o diretor-presidente, a diretoria sênior dos grupos operacionais e outros membros da equipe de dirigentes, de uma maneira colaboradora. ***Pistas do perfil de líder:*** **a empresa acha que este cargo deve cuidar do relacionamento entre o departamento financeiro e os acionistas. Será necessário ter muita autoconfiança e foco para ampliar a visão dos administradores quanto à comunicação, levando-a para além do mero relatório financeiro. A postura, a aparência e a adequação à cultura são fundamentais para se operar neste nível.**
FORMAÇÃO ACADÊMICA	MBA; diploma em jornalismo, ciências humanas ou administração de empresas. ***Pistas do perfil de líder:*** **o MBA pode ser essencial; verifique a formação acadêmica da diretoria.**
REQUISITOS	Dez a quinze anos de experiência em comunicações corporativas e um sólido entendimento de como as comunicações desempenham um papel importante nas relações com o investidor. Experiência anterior com responsabilidades de alto nível e contatos com executivos é desejada, além de entendimento e sucesso comprovados em transmitir complexas questões de negócios e dinâmica de mercado. Este cargo exige consistentes habilidades de comunicação e análise; um registro de sucesso no desenvolvimento de programas tradicionais e não tradicionais de comunicação interna; sucesso comprovado em iniciar e gerenciar relações com Wall Street e analistas; e experiência com todos os tipos de mídia, principalmente a imprensa financeira, a comercial e a de negócios nacionais. ***Pistas do perfil de líder:*** **o contato com executivos significa que a postura e a aparência são fundamentais; intelecto necessário para questões de negócio complexas; habilidades de comunicação são obrigatórias — interna e externamente.**
RESPONSABILIDADES	Como chefe de comunicações da empresa e das funções de relacionamento com o investidor, este profissional é responsável por desenvolver, reforçar e fortalecer o posicionamento da Springfield com seus clientes internos e externos. O indivíduo apóia os objetivos empresariais da organização, especificamente a implementação global do SAP, e desenvolve estratégias e materiais adequados, a fim de facilitar a transmissão de mensagens importantes. Outras responsabilidades incluem a preparação de boletins informativos, vídeos, apresentações na prefeitura, e-mails e comunicações internas relacionadas.

Este profissional define a mensagem de posicionamento corporativo global da Springfield e determina estratégias adequadas para transmitir essa mensagem. Além disso, trabalha em conjunto com o diretor financeiro/superintendente desenvolvendo mensagens para o material trimestral exigido pela SEC.

Responsabilidades adicionais para este cargo incluem manter um relacionamento proativo e servir como ligação principal com a comunidade de investimento e a mídia (financeira, comercial e local), bem como responder a todos os questionamentos da mídia. O profissional também prepara *press releases* financeiros e de outros tipos, faz roteiros e apresenta *conference calls* e desenvolve apresentações analíticas.

Pistas do perfil de líder: foco, intelecto, postura e habilidades de comunicação são críticos para lidar com projetos e pessoas, traduzindo a linguagem corporativa em linguagem cotidiana, e lidando com vários públicos internos e externos.

CARACTERÍSTICAS PESSOAIS   O candidato ideal deve ser um indivíduo brilhante e articulado, que é um pensador estratégico com boas habilidades para ouvir e traduzir, possuindo a capacidade de se concentrar na mensagem certa. Deve ter excepcionais habilidades de comunicação, tanto orais quanto escritas. O cargo exige um indivíduo que tome iniciativa considerável e tenha demonstrado capacidade de funcionar como contribuinte individual, com pouca supervisão direta. Este indivíduo possui força de caráter para definir e desenvolver comunicações internas a partir de uma posição de influência, e não de autoridade. Uma forte ética no trabalho, com altos padrões de qualidade, é fundamental.

Pistas do perfil de líder: intelecto, habilidades de comunicação, postura, foco, paixão, adequação à cultura.

ROTEIRO DE ENTREVISTA

O consultor de executivos ou o cliente é tecnicamente aquele que controla a entrevista pessoal. Entretanto, sua capacidade de organizar seu histórico profissional e fatores do perfil de líder, de modo a "cercar" todos os requisitos do cliente, fortalecerá acentuadamente sua candidatura. Se você começar uma entrevista preparado para relatar como sua experiência, seus pontos fortes e suas realizações específicas podem suprir o que o cliente do consultor está buscando, fornecerá exatamente o que o consultor precisa e demonstrará suas habilidades de comunicação, sua postura, seu intelecto, seu foco e seu interesse pelo emprego.

A melhor maneira de se preparar é criar um roteiro de uma página para a entrevista. O roteiro deve alinhar as necessidades da empresa com seus pontos fortes, suas experiências e evidências.

Entrevista para Springfield International, Inc.
Lloyd A. Jones
Cargo de vice-presidente sênior de Comunicações Corporativas e Relações com o Investidor
1º de junho de 1999

REQUISITOS DA SPRINGFIELD

10-15 anos de experiência em:

* Comunicações corporativas
* Relações com investidores
* Relações com a mídia
* Contatos com executivos
* Comunicação de complexas questões de negócios
* Comunicações internas/externas
* Posicionamento/estratégias globais

EXPERIÊNCIA DE JONES

12 anos de experiência

* Vice-presidente de marketing na Widget Telecom
* Condução de todas as relações com investidores, relações com a mídia, comunicações de marketing, comunicações com executivos
* Reporta-se ao CEO da Widget e relaciona-se com o diretor financeiro
* IPO; plano de reengenharia das comunicações
* Chefiou comunicações com todos os públicos da Widget, inclusive com uma JV na Ásia e na América Latina
* Gerencia uma agência externa com orçamento de US$ 5 bilhões, equipe de dez executivos
* Lançamento global da Widget Jr.
* Widget Jr. e Widget III; expansão para a China Continental
* Alianças com Framco, De Viver e Wong Ho

REQUISITOS DA SPRINGFIELD
* Registro de sucesso

REALIZAÇÕES DE JONES
* Estratégia recente de marketing/comunicações para
    * Core Internet Platform — US$ 25 milhões em vendas
    * Lançamento dos sistemas operacionais da Widget — lucrativo em três meses
    * Entrada no mercado da América Latina — resultados acima das projeções
    * Reformulação do programa de remuneração — perdeu apenas 5% do *staff*
    * Y2K –TBD
* Dez classificações de compra dos principais analistas de vendas
* Crescimento anual composto de 15% no preço das ações
* Mais de cem colocações na mídia por ano
* 50% a mais de citações na mídia que os concorrentes
* Reportagem de capa na *Fortune*
* Todos os projetos de embalagem, produtos e acessórios, relatórios anuais da 1990-98; Prêmio Silver Anvil, 1996
* Receitas aumentaram 18% ao ano; orçamento de comunicações aumentou apenas 6% ao ano

---

REQUISITOS DA SPRINGFIELD
* Habilidades de comunicação
* Foco
* Intelecto
* Postura
* Aparência

LISTA DE ATITUDES DO EXECUTIVO PARA TER PERFIL DE LÍDER
* Ouça, questione, seja breve
* Sem experiência em SAP — rever o assunto
* Perguntas:
    * Mudança de estrutura geográfica para estrutura de produto?
    * Revisão da cultura corporativa?
    * Problemas com agências reguladoras?
    * Nova Widget IV da ABC — posicionamento competitivo?
    * Estrutura de composição da força de vendas?

PENSE — E FALE — USANDO *LEADS*

Um *lead* é uma proposição, uma afirmação que resume uma conclusão que, espera-se, seja aceita pelo público. As pesquisas têm mostrado várias vezes que os executivos que pontuam suas conversas com *leads* e, em seguida, apresentam evidências e exemplos, são vistos como os comunicadores mais eficientes. Por exemplo:

> *Depois de assumir a presidência da XYZ Inc., recuperei a lucratividade da empresa.*

> *Como diretor de marketing da ABC, três anos atrás, meu desafio foi aumentar significativamente a participação de mercado no setor de semicondutores.*

Além de reforçar suas comunicações, usar *leads* atinge um outro objetivo valioso: facilitar a vida do consultor. A maioria dos consultores prepara "laudos" de quatro a seis páginas, resumindo as razões para você ser considerado para um cargo. Esses relatórios são enviados ao cliente, impressos ou eletronicamente, e passam pela diretoria, pelo comitê executivo ou pelo executivo a quem seu cargo se reporta. Os *leads* que você diz aos consultores permitem que eles redijam um laudo com mais facilidade e exatidão.

PROVIDENCIE EVIDÊNCIAS

"É surpreendente como alguns executivos — principalmente aqueles que trabalham em grandes empresas — não têm idéia de como oferecer qualquer evidência objetiva de suas realizações", diz John Martin, CEO da J3, uma pequena empresa de consultoria de seleções de executivos em Dallas. "Certa vez entrevistei um alto executivo internacional da Pepsico que tinha todos os requisitos procurados, mas não conseguiu me dizer o que fazia para viver."

Antes de você dizer um *lead*, prepare-se para apresentar comprovações com pelo menos três dados objetivos que demonstrem o impacto na empresa. Os *leads* ficam vazios se não houver evidências para comprová-los, e os consultores precisam de detalhes para elaborar os laudos de seus candidatos. Evidências são a realidade concreta que fundamenta uma proposição. Por exemplo:

> *Lead:* Quando assumi a presidência da XYZ Inc., o crescimento da lucratividade, da participação de mercado e da receita era minha prioridade.

Comprovações: Conduzi a situação da seguinte forma:
- Identifiquei a situação do momento. Solicitei à contabilidade um demonstrativo de lucros e perdas dos três anos anteriores, para cada empresa em funcionamento, juntamente com um perfil do concorrente e projeções de nosso volume de vendas *versus* o da concorrência.
- Confirmei nossos altos números de participação de mercado por meio de uma pesquisa de mercado independente. Surpresa: em cada caso, a participação real era de 10 a 15 pontos percentuais mais baixa do que pensávamos inicialmente.
- Depois de várias sessões de *brainstorming* com a equipe de marketing, decidimos que a única maneira de manter o crescimento de nossa receita e aumentar a participação de mercado era por meio da aquisição.
- Desde 1996, quando adquirimos a ABC, minha prioridade tem sido fazer as duas empresas trabalharem de modo integrado, para aumentar a participação de mercado e a fidelidade do cliente.
- Tem sido uma história notável de sucesso: no ano passado, as receitas cresceram 25% e os lucros aumentaram 38%. Pela primeira vez, lideramos o setor de semicondutores e o preço de nossas ações disparou.

Avaliação do Consultor: O Que Você Diz

O QUE AJUDA
    Apresentar um relato
    Relatar sua experiência de acordo com as necessidades do cliente
    Usar *leads* e comprovações organizadas

O QUE PREJUDICA
    Falta de objetividade
    Apresentar poucas comprovações, ou fracas
    Incapacidade de quantificar

E NUNCA...
    Compareça despreparado a uma entrevista
    Fale mal de seu atual empregador

9

AS 15 PERGUNTAS QUE OS CONSULTORES MAIS FAZEM

Nunca improvise.
JOHN R. BERRY, SÓCIO,
HEIDRICK & STRUGGLES

Toda solicitação de seleção envolve especificações e requisitos distintos. Entretanto, a maioria dos consultores avalia o perfil de líder do candidato durante a entrevista pessoal. Supondo que o comportamento anterior seja o melhor previsor do futuro desempenho, os consultores usam perguntas baseadas no comportamento para detectar evidências dos traços e habilidades necessários ao cargo.

Além de estudar as especificações do cargo, o site e dados do cliente, alinhando adequadamente seu material (como foi explicado nos capítulos 7 e 8), procure sempre:

- ir preparado com exemplos de projetos, planos, realizações, erros corrigidos e resultados para citar como evidências;
- preparar pelo menos cinco perguntas sólidas para o consultor; e

- aprimorar suas respostas para as 15 perguntas que todo consultor faz — ou espera que você mencione:

1. **O que mais o agrada/desagrada em seu cargo atual?**

O consultor procura identificar habilidades e experiências que você transferirá de seu atual cargo para o novo cargo, bem como novas experiências, desafios ou habilidades que você está buscando.

Para dar uma boa resposta a esta pergunta, você deve dizer por que seu atual emprego é interessante, que aspectos específicos você acha estimulantes, e por quê, e qual é o "componente que está faltando" — o que você desejaria fazer, além de suas responsabilidades atuais. Por exemplo, poderia dizer: "Como vice-presidente de marketing, sou responsável por desenvolvimento de produto, pesquisa de mercado, posicionamento estratégico e propaganda. Depois de construir do zero o esforço de marketing, três anos atrás, relato com satisfação um aumento de 35% na receita por causa dos novos produtos e da *cross-branding*. Nossa equipe trabalha com muita eficácia junto a nossos profissionais de P&D e de operações, e estabelecemos uma reputação como um dos melhores departamentos de marketing no setor de eletrônicos. O que estou procurando é uma chance de ajudar uma empresa a se expandir globalmente. Fizemos esforços limitados no México e no Canadá, mas o objetivo da diretoria não é o mercado internacional, embora seja surpreendentemente lucrativo."

Evite citar o que lhe desagrada. Lembre-se de como é importante ser positivo: criticar seu empregador atual ou anterior é um sinal de advertência. A melhor maneira de atenuar o que não gosta é dizer que seu atual empregador é excelente, mas que você está procurando assumir mais responsabilidades e a chance de dar uma contribuição maior. Você poderia dizer: "Estou satisfeito e tenho conseguido sucesso na Widget, mas fiquei intrigado com o cargo na ABC porque poderia me possibilitar um âmbito maior de controle e uma contribuição em diferentes áreas".

2. **Quais são os aspectos mais desafiadores de sua atual posição e como você os aborda?**

O consultor não está procurando uma lista de reclamações sobre o que você acha difícil. Ele quer saber como você tem lidado com as oportunidades do cargo. Você deve explicar por que sua posição é fundamental para ajudar sua empresa a ganhar dinheiro, economizar dinheiro ou poupar tempo. Também precisa estar preparado para discutir as estratégias ou táticas que implementou para ganhar dinheiro, economizar dinheiro ou poupar tempo, incluindo procedimentos que implementou e os resultados financeiros que atingiu.

Outro ponto a tratar é como seu atual cargo o tem ajudado a crescer como profissional. Você poderia dizer: "Passei por um período desafiador para manter nossa força de vendas consistentemente motivada. O que funcionou para nós recentemente foi...".

3. Quais são as coisas mais importantes que você trará para um novo cargo?

Esta é uma oportunidade para mencionar os itens que selecionou quando comparou a especificação do cargo com suas próprias habilidades, experiências e interesses. A idéia é fornecer um grupo selecionado de pontos altos, com evidências e ilustrações, em vez de uma lista infindável de reclamações. Se a especificação do cargo exige a capacidade de atuar em um ambiente no qual as atividades de marketing terão um impacto mensurável no desempenho financeiro de toda a empresa, não deixe de descrever a campanha de marketing que você lançou recentemente e seu forte impacto positivo na receita de sua empresa.

Se a especificação do cargo menciona a importância do planejamento e do gerenciamento consensual, um de seus comentários poderia ser: "Acredito fortemente que um projeto ou iniciativa deva ser planejado e ganhar a aceitação dos principais grupos afetados pelo programa, antes de ser iniciado. Por exemplo...". Não deixe de mencionar pelo menos uma habilidade sua relacionada a pessoas, como a capacidade de coordenar equipes, ou sua experiência com programas de *feedback* 360°. Além disso, uma vez que praticamente todos os cargos de executivos exigem confiança, perseverança e boas habilidades de comunicação, mencione que esses três atributos são uma parte importante de sua filosofia gerencial, e dê um exemplo que demonstre suas capacidades.

4. Por que você está pensando em fazer uma mudança agora?

Não diga: "Você me ligou — por que *você* acha que eu deveria mudar?". Sua resposta deve dizer por que quer entrar na nova empresa, e não por que quer sair de sua organização atual. Caso tenha revisado as especificações do cargo em aberto e identificado as forças e oportunidades da empresa, esta é a hora de mencioná-las. Não se esqueça de citar como sua experiência e sucesso o prepararam bem para assumir o novo desafio.

Você poderia dizer: "Sempre estive interessado em explorar como poderia trabalhar com uma importante empresa de consultoria internacional e atender clientes que representam um amplo *mix* das melhores empresas da atualidade. Tenho a mesma filosofia profissional da ABC, em relação a fornecer soluções de ponta que dêem bons resultados, e estou convencido de que uma forte unidade de marketing pode melhorar a imagem de categoria internacional da empresa. A oportunidade de ser o vice-presidente de marketing da ABC me permitiria empregar minha experiência e meus conhecimentos adquiridos em marketing de serviços e me possibilitaria expandir minhas capacidades estratégicas e gerenciais".

A impossibilidade de promoção também é sempre uma razão aceitável. Você pode dizer: "Não vejo muita mobilidade vertical, porque meu chefe acabou de ser promovido a diretor operacional e há um bloqueio no nível da vice-presidência".

5. O que, em seu perfil, deixaria meu cliente mais interessado em contratá-lo como executivo de sua empresa?

Esta é a oportunidade de fazer seu marketing pessoal. Se você analisou cuidadosamente as especificações do cargo em aberto e preparou um roteiro para a entrevista, isso deve ser fácil. Simplesmente repita os requisitos obrigatórios das especificações do cargo, iniciando com "Tenho sólida experiência..." ou "Tenho comprovado...". Por exemplo:

- "Tenho de dez a 15 anos de experiência como responsável pelo marketing e pelas comunicações, com uma parte significativa no nível gerencial..."
- "Minha experiência na Widget demonstra que sou um líder que tem iniciativa e responsabilidade; sou trabalhador, sei o que faço, sou inteligente e conheço bem o negócio."
- "Demonstrei capacidade de gerenciar programas nacionais de marketing e oferecer aconselhamento a sócios e gerentes para o desenvolvimento de programas táticos de marketing para atingir públicos-alvo."
- "Formei e dirigi uma equipe regional de marketing proporcionando energia, impulso e foco para atingir as expectativas de lucratividade da empresa na região."

Não se esqueça de dar munição ao consultor — exemplos e evidências — para que ele lute por você. Termine dizendo: "Também estou entusiasmado com a possibilidade de trabalhar junto a uma equipe de profissionais comprometidos em ajudar a ABC a atingir seus objetivos estratégicos".

6. Como suas responsabilidades e realizações se relacionam aos seus objetivos de carreira?

O consultor quer saber seu plano de carreira, juntamente com uma avaliação de até onde você foi, o que ainda tem de fazer e o que está fazendo. Faça o seguinte para responder:

Primeiro, descreva seus objetivos de carreira de um modo geral. "Meu objetivo é levar uma nova empresa de tecnologia a uma posição significativa no mercado de computadores pessoais."

Segundo, disseque sua abordagem e discuta o que você fez até agora. "Sempre acreditei que três áreas principais promovem o sucesso de qualquer novo empreendimento: engenharia, finanças e marketing. Aprendi os fundamentos do negócio rapidamente, pois sou formado pela Cal Tech e tenho MBA de Stanford. Passei quatro anos na área de desenvolvimento de produtos na Microsoft, onde aprendi sobre *branding*, *add-on marketing* e vendas diretas. Michael Jones recrutou-me para chefiar as operações de marketing da Widget em 1995."

Terceiro, discuta seus planos atuais. "Temos um esforço de marketing interessante em andamento, mas não quero trabalhar em marketing por muito mais tempo. Agora que trabalhei em todas as três áreas, acho que é hora de voltar para o gerenciamento geral."

7. Quais são suas realizações mais importantes?

Esta é outra oportunidade de alinhar sua experiência com a especificação do cargo. Selecione pelo menos três exemplos de projetos ou programas e explique como eles ajudaram a empresa a ganhar dinheiro, economizar dinheiro ou poupar tempo. Em termos ideais, são projetos que você iniciou ou nos quais teve um papel importante. Relacione seus exemplos às capacidades desejadas. Quanto mais dados quantitativos fornecer, melhor. Quando possível, resuma seus resultados em dólares ganhos ou poupados, no aumento da participação de mercado, no número de clientes e funcionários novos etc. Seus programas/projetos ainda estão sendo usados com clientes ou dentro da empresa?

Se as especificações do cargo em aberto estipulam uma habilidade mais intangível, como a "capacidade para trabalhar bem em uma organização altamente integrada em que a mudança ocorre freqüentemente", você pode discutir os desafios de elaborar uma campanha de consciência de marca na estrutura integrada da empresa ou citar algumas das mudanças que aconteceram enquanto você estava lá.

8. O que você está procurando em sua próxima promoção de carreira?

Não diga "mais dinheiro"! Você precisa deixar três pontos claros: quer continuar crescendo como profissional; busca a oportunidade de dar uma contribuição significativa para uma organização que possa se beneficiar de seus pontos fortes e experiências; está decidido a ampliar suas capacidades e assumir mais desafios.

9. Descreva um problema ou situação de crise que tenha enfrentado e como lidou com isso.

Os consultores gostam desta pergunta por três razões: ela fornece evidências de como você realmente resolveu um problema difícil; revela sua abordagem geral para conduzir situações desafiadoras; permite-lhes ver seu perfil de líder em ação quando você responde com desenvoltura e fineza a uma pergunta que faz a maioria das pessoas se desesperar.

A chave é selecionar dois ou três problemas ou crises e ensaiar sua resposta — em vez de ser pego de surpresa e começar a tentar se lembrar dos problemas para contar. Para aumentar sua credibilidade e mostrar como você lidou com uma derrota, atenuando o desastre ou contendo conseqüências indesejáveis, escolha pelo menos um problema que não teve um final feliz.

Primeiro, dê uma descrição rápida do problema. *Segundo*, descreva sua missão. *Terceiro*, discuta sua abordagem analítica. *Quarto*, explique como resolveu o problema.

10. Descreva uma decisão profissional difícil que teve de tomar. O que você aprendeu?

Os consultores fazem esta pergunta para determinar como você define "difícil", como lidou com a situação e se tirou algum conhecimento dela que poderia ser aplicado ao cargo que estão tentando preencher. Você deve preparar um ou dois casos para esta pergunta — casos difíceis e que tenham lhe dado a chance de se destacar. Uma das histórias deve tratar de um risco que você assumiu. Por exemplo, expandir para a Europa sem uma leitura clara do mercado.

Outro exemplo deve abordar a demissão de uma pessoa ou de um grupo de pessoas por uma razão estratégica que beneficiou a empresa. Não deixe de expressar sua preocupação com as vidas e famílias dos funcionários, mas enfatize que, uma vez analisado o problema e selecionada uma abordagem, você agiu de forma rápida e profissional, visando os interesses da empresa.

11. **Conte-me sobre um importante projeto em que trabalhou. Conte-me sobre a idéia de um programa/método que você desenvolveu e que teve um importante impacto na empresa. Conte-me sobre um projeto em que demonstrou habilidades de liderança e/ou de orientação e descreva como demonstrou essas habilidades.**

Você pode ter certeza de que lhe farão pelo menos uma destas propostas, provavelmente duas delas, durante a entrevista. Os consultores as usam para reunir evidências de que você realmente fez as coisas que declarou ter feito em seu currículo. Também gostam de detalhar para os clientes sua abordagem estratégica, seu estilo gerencial e como você reuniu recursos para fazer o trabalho.

Não deixe de ter pelo menos dois projetos dissecados e preparados para estas perguntas. Escolha projetos que enfatizem um ou mais dos atributos exigidos ou desejados, enumerados na especificação do cargo em aberto.

12. **Que legado você deixará? Como se lembrarão de você?**

Não fique lá sentado, dizendo "Não sei". O consultor está procurando um "obituário", um resumo de alto nível de suas principais realizações. É importante começar sua resposta com um *lead* e fundamentá-lo com evidências. Por exemplo: "Implantei o sistema de previsão, orçamento e remuneração de incentivo de vendas cinco anos atrás. Ele gerou 250 milhões de dólares em vendas e ainda está em uso".

13. **Se eu estivesse conversando com seu chefe, o que ele diria?**

Um simples "Excelente" não vai funcionar. Primeiro, é altamente improvável que o consultor ligue para o seu chefe. O consultor está procurando duas coisas: sua capacidade de apresentar uma perspectiva equilibrada de si mesmo e suas visões sobre como você lida com autoridades. É fundamental, para um gerente sênior, ser capaz de discutir seus pontos fortes e fracos usando exemplos e histórias específicos. Mais importante: esta pergunta fornece uma abertura maravilhosa para discutir como você trabalha com outras pessoas, a natureza de seus relacionamentos, seu papel crítico na equipe de executivos e o valor específico que você proporciona à equipe.

14. **Descreva uma das melhores idéias que você vendeu ao CEO, à diretoria etc. Qual foi sua abordagem para convencê-los de que sua idéia era boa?**

Um dos principais atributos do perfil de líder é a capacidade de persuadir os outros a aceitarem um determinado ponto de vista. A arte da influência envolve lidar com as emoções de outras pessoas, e aqueles que têm desempenho excepcional possuem uma capacidade peculiar de transmitir emoções e se comunicar muito bem. Os executivos que são fortes influenciadores são altamente conscientes de como fazem para conquistar as pessoas e são capazes de descrever suas táticas. Para responder a esta pergunta com eficácia, você deve fazer o seguinte:

Primeiro, mostre como identificou um problema ou oportunidade. *Segundo*, mostre como chegou a uma solução. *Terceiro*, mostre como apresentou as informações para conseguir a aceitação da diretoria. *Quarto*, descreva o resultado e o impacto.

15. Dê-me um exemplo de uma situação em que você falhou ou teve resultados abaixo dos desejados.

Os consultores acham que a forma como os candidatos discutem os pontos fracos ou fracassos diz muito sobre eles. Os candidatos que são capazes de discutir como lidaram com erros ou más decisões demonstram que:

- estão dispostos a correr riscos e a passar por transtornos;
- foram treinados na solução de um problema à custa de outra empresa — a maioria dos melhores executivos avançou em suas carreiras aprendendo com suas experiências;
- aceitam a responsabilidade por suas próprias falhas humanas;
- não se bloqueiam por problemas criados por eles mesmos;
- têm perseverança para dar uma guinada na situação; e
- são equilibrados em sua abordagem — sabem que algumas coisas darão errado, e conseguem lidar com isso.

Os cargos de executivo sênior exigem uma atitude madura quanto aos pontos fortes e fracos. Os candidatos que não estão dispostos a admitir que cometeram um erro ficam atrapalhados quando lhes pergunto o que aprenderam com seus erros. Os que são confiantes dizem: "Esta é uma boa pergunta".
Ron Zingaro, presidente, Zingaro And Company

Antes de conversar com um consultor, não deixe de ter dois exemplos de pontos fracos/fracassos preparados e ensaiados. Entretanto, não exagere! É importante escolher uma situação em que você acabou conseguindo "acertar", e não uma que se tornou um desastre consumado. Dividir a resposta em três partes é o mais eficaz.

Primeiro, cite uma falsa impressão ou conceito que você tinha. Descreva o que o fez perceber que estava errado. *Segundo*, discuta como mudou e quais foram os resultados. *Terceiro*, avalie as conseqüências do problema.

Dependendo de como a conversa flui, você pode até antecipar a pergunta sobre seus erros — que seria inevitável — se der um exemplo.

Evite escolher situações problemáticas que tenham a ver com questões pessoais entre colegas, problemas com funcionários ou qualquer coisa ilegal.

PERGUNTAS QUE O POSICIONAM COMO UM FORTE CANDIDATO

As perguntas que você faz ao consultor demonstram seu perfil de executivo, assim como suas respostas às perguntas dele. Tenha sempre três a quatro perguntas estratégicas sobre o negócio do cliente, o setor, as ameaças e oportunidades ou a estratégia. Confira se as perguntas não foram respondidas no relatório anual, no 10-K, ou em outras publicações sobre a empresa. Alguns exemplos:

Como a ABC planeja se posicionar em torno da nova linha de produtos da DEF na Internet?

Para onde a ABC pretende levar seu negócio de telecomunicações quando a China suspender suas barreiras comerciais?

O que a ABC espera realizar com sua aquisição da Utah Widget Works?

Além disso, não hesite em fazer várias perguntas ao consultor para ter mais esclarecimentos sobre o cargo. Fortes possibilidades incluem:

Qual é a trajetória de carreira potencial para esse cargo?

Em outras palavras, o que acontece se eu fizer um bom trabalho? Consigo uma promoção, um aumento, uma transferência ou o quê? A resposta a esta pergunta lhe dirá muito sobre como a empresa vê seu cargo. A maioria dos consultores sabe que esta é uma preocupação fundamental dos candidatos, principalmente daqueles que têm de ser tirados de sua situação atual. Se o consultor for incapaz de responder com credibilidade, quase sempre significa que o cliente não sabe ou não liga. Se não pensaram com antecedência suficiente para decidir onde poderiam colocá-lo em seguida, é certo que vêem seu cargo como um papel de *staff* — apenas uma função de suporte. Ou podem vê-lo como uma solução temporária para um problema que será resolvido, possivelmente eliminando seu emprego. Alternativamente, podem simplesmente ser desorganizados demais para pensar com antecedência.

Como esse cargo reflete os objetivos estratégicos da organização?

O consultor deve ser capaz de resumir os objetivos da empresa e fazer uma relação destes com o cargo. Sinta-se à vontade para verificar se a direção considera que o cargo é fundamental à sua estratégia ou se "é bom tê-la", por que a empresa está procurando um executivo fora da empresa, em vez de promover um funcionário, e quem na empresa está convencido da necessidade e da importância do cargo.

O que seu cliente está tentando realizar por meio do cargo?

Esta é uma maneira estratégica de perguntar: "Quais são suas expectativas quanto ao meu desempenho, e como serei avaliado?".

Quais são os principais problemas dos clientes da empresa?

Uma maneira simpática de descobrir os grandes problemas da empresa.

O que você acha que alguém com minha formação e experiência traz para este cargo?

Esta é uma maneira elegante de perguntar se sua formação e suas capacidades correspondem às necessidades do cliente. É perfeitamente aceitável perguntar isso para saber como você se saiu, no final da entrevista pessoal. Não espere uma resposta totalmente franca. O consultor precisa de tempo para refletir sobre o que ouviu e comparar com outros candidatos. Se você for a opção número um ou se não houver outros candidatos, espere para ouvir um *feedback* altamente positivo e talvez alguns elogios.

10

A MANEIRA COMO VOCÊ DIZ AS COISAS

A maneira como você diz as coisas muitas vezes é mais importante do que o que diz. Os consultores observam muitos aspectos diferentes de como você se comunica.

Um jovem e promissor executivo financeiro parecia ser um excelente candidato para um cargo de diretor financeiro em um fabricante de embalagens que estava em pleno crescimento. No entanto, erros gramaticais e o uso impróprio de parônimos (palavras com sonoridade parecida, mas sentidos totalmente diversos) arrasaram suas chances mais do que certas de ser contratado. "Ele me falava das atribuições que havia 'entre eu e o diretor financeiro' e em como ele era 'fortuito' por ter sido promovido", disse o consultor. "Estremeço só de pensar que quase apresentei esse sujeito sem uma entrevista. Meu cliente não tem paciência com nenhum tipo de erro gramatical."

Em outra seleção, a candidata a uma posição de executivo de marketing era uma respeitada gerente de marca em uma importante indústria farmacêutica. Quando o consultor perguntou sobre dois de seus sucessos recentes, ela iniciou um discurso de 15 minutos sobre o novo e aperfeiçoado beta-bloqueador da empresa. Foi um discurso repleto de jargão bioquímico, resultados de pesquisa e relatos detalhados de análises de laboratório. "Ela não conseguiu ser objetiva", diz o consultor. "Acho que pensou que eu fosse médico e quisesse testar a droga em um de meus pacientes." Embora seu conhecimento do produto e suas capacidades de marketing técnico fossem excelentes, ela não conseguia mudar seu estilo de comunicação de acordo com a platéia.

AS ÚNICAS ARMAS

As habilidades de comunicação são vitais para o executivo sênior. São as únicas armas que ele tem para engajar a organização de maneira a torná-la mais eficaz e produtiva no longo prazo. Mas não importa o quanto você seja inteligente, o quanto esteja certo ou o quanto saiba. Se o resto de sua organização não entende o que você pensa ou acha que entende, mas pensa algo diferente, você falhará como líder.

A maneira como você se comunica é tão importante — senão mais importante — do que o que você diz. Muitos executivos aprenderam da pior forma possível que o conteúdo de sua mensagem desaparece rapidamente por trás de seus erros gramaticais, jargões, sotaques e incapacidade de ser objetivo. Isso não quer dizer que executivos monossilábicos, que não sabem se expressar ou que falam errado não terão sucesso. Mas isso dificulta o trabalho, e as chances contra o sucesso são mais substanciais.

Para os consultores e para a maioria dos conselhos de diretoria, que são quem contrata os altos executivos, a maneira como você diz algo freqüentemente é mais importante do que aquilo que diz. E eles observam muitos fatores diferentes.

Seja sucinto

"Já conversei com candidatos que se recostam na cadeira e passam de uma história para outra totalmente diferente — como bolinhos de arroz", diz Todd Noebel, da The Noebel Search Group. "Há muito volume, mas não há muita nutrição: o objetivo não está claro, a história vai e volta e, quando você vai para casa e digere as palavras, percebe que nada foi dito." Os consultores detestam ser confundidos com uma linguagem dúbia, ou que falem com eles como se fossem crianças, e poucos se impressionam com longos discursos ou respostas de cinco minutos a perguntas que merecem cinco palavras. Seja objetivo, usando palavras simples e sentenças declarativas. Não deixe de responder diretamente à pergunta do consultor, mas evite ser abrupto demais. "Certa vez, atravessei o país para me encontrar com um candidato que tinha um currículo excelente, só para ouvi-lo dizer 'Sim' e 'Não' a nossas perguntas", diz Pat Campbell, do The Onstott Group. "As respostas dele, de uma linha, faziam-no parecer que estava procurando emprego."

Contexto

Os executivos que são bons comunicadores não dão respostas simples, tipo *sim* ou *não*, principalmente quando estão tentando impressionar um consultor. Em vez disso, respondem de maneira estruturada, demonstrando sua capacidade de raciocínio estratégico e sua capacidade de generalização, um sinal claro de inteligência. Se o consultor lhe pergunta como seu chefe classificaria seu desempenho, não responda simplesmente "Muito bom". Demonstre suas habilidades intelectuais e de comunicação dizendo: "Meu chefe julgaria meu desempenho segundo três critérios: lucratividade, rotatividade de funcionários e crescimento das vendas. Agi da seguinte maneira para ter um impacto em cada uma dessas áreas...". Se o consultor lhe pedir para descrever algo que você fez e que teve um impacto significativo em sua empresa, não diga: "Fechei mais negócios no ano passado". Contextualize suas respostas, dizendo: "Sob minha direção, o departamento de marketing evoluiu de uma oficina de impressão que funcionava dentro da empresa para uma abrangente operação de desenvolvimento de negócios que gerou mais de US$ 16 milhões em vendas. Fizemos a mudança da seguinte forma...". Tente sempre relacionar suas respostas com as estratégias e resultados da empresa, mas tenha sempre boas evidências para apresentar.

Facilite a comunicação

Os consultores procuram a capacidade de explicar de modo simples e coerente um conceito complicado. "A capacidade de explicar uma questão complexa com uma linguagem simples é algo que sempre observamos em entrevistas pessoais", diz Tom Neff, *chairman* da Spencer Stuart, um dos principais consultores do mundo. Os executivos com perfil de líder não se limitam a falar claramente. Os melhores comunicadores apresentam itens — frases curtas de 16 palavras ou menos. Também usam metáforas de fácil entendimento ou imagens claras para explicar suas idéias. "Em seu papel como o maior porta-voz da empresa, os executivos seniores precisam ser compreendidos por vários públicos internos e externos", diz Brian Sullivan, da Sullivan & Co. "Precisam pensar em imagens e ser capazes de resumir sua visão em um parágrafo curto." E, quando fazem perguntas, é com simplicidade e descontração. "Os candidatos que me fazem perguntas difíceis, tão confusas que só um especialista entenderia, não têm o dom da comunicação como executivos", diz Bill Matthews, da Heidrick & Struggles.

Muitos figurões têm problemas de concentração. Se você não disser o que pensa em 60 segundos, eles vão olhar pela janela.

Dayton Ogden, ex-presidente, Spencer Stuart

Desafie

Não se sinta como se tivesse de agradar o consultor durante duas horas. Os consultores não gostam de pessoas passivas que se sentam, sorriem e acenam com a cabeça para tudo o que lhe dizem. Lembre-se de que a entrevista é uma conversa entre duas pessoas, e espera-se que você, como candidato, cumpra sua parte. Às vezes, isso significa desafiar o consultor quanto à estratégia da empresa, indagando por que a empresa faz coisas de certo modo, ou procurando obter mais detalhes sobre a empresa ou sobre o cargo. "Não seja gentil demais", diz o *headhunter* Gerry Roche. "Quero ver gente de carne e osso na minha frente."

Comando da conversa

Os consultores dividem-se quanto à questão de quem conduz a entrevista. Muitos acham que devem conduzir a pauta e guiar o questionamento. Outros dizem que apreciam quando o candidato toma a iniciativa. Qualquer que seja a opção do consultor, é importante que você assuma um papel ativo na conversa e indague o consultor sobre a posição e o cliente. Se não fizer isso, passará por desinteressado ou desesperado por um novo emprego. Lembre-se de que os *headhunters* preferem recrutar executivos que estejam satisfeitos em seus empregos. Mesmo que secretamente esteja procurando um novo emprego, você precisa deixar claro que está sendo extremamente deliberado em seu processo de tomada de decisão, ou será visto como alguém que está procurando emprego. Prepare uma lista de perguntas a partir da leitura do material da empresa e de qualquer outra pesquisa que você tenha feito, faça perguntas e dê sugestões. Um artifício que muitos consultores reconhecem como jogada, mas que causa boa impressão, é perguntar se a empresa cliente tentou uma tática que você usou com sucesso em sua empresa. Você pode usar essa deixa para discutir seu próprio sucesso.

A capacidade de conduzir requer que você conquiste e mantenha a atenção. Significa ouvir de maneira ativa e intensa. Observo como os candidatos processam o que ouvem; como fazem perguntas e reformulam; como investigam, orientam e colocam as informações em perspectiva.

Steven Darter, presidente,
People Management Northeast

Ouvir ativamente

Muitos candidatos, como aquele descrito no início deste capítulo, acreditam que a entrevista seja um fórum de mão única para apresentar suas idéias, habilidades e realizações. Na realidade, é uma dança com uma coreografia complexa, em que ambas as partes recebem algumas informações concretas — e muitas informações intangíveis.

> *Demonstre suas habilidades de ouvir apresentando uma sinopse e dando uma resposta exata à pergunta do consultor. Incorpore em sua resposta os coloquialismos usados pelo consultor.*
>
> JIM MCSHERRY, EX-VICE-PRESIDENTE SÊNIOR E EX-GERENTE-GERAL, BATTALIA-WINSTON INTERNATIONAL

Um erro comum dos candidatos é fazer perguntas já respondidas pelo consultor durante a entrevista. "Isso me diz que eles não estão ouvindo realmente o que estou dizendo, mas pensando em como podem me impressionar com sua próxima pergunta", diz Helga Long, ex-sócia-gerente da Horton International. Ela se lembra de um candidato que lhe fez a mesma pergunta várias vezes. "Estava tão nervoso que não conseguia nem ouvir o que ele mesmo falava", diz ela. Os consultores freqüentemente testam candidatos para determinar se estão prestando atenção, repetindo um fato ou informação importante mais tarde, na conversa, usando diferentes números, nomes etc. "Sempre desconfio daqueles que deixam passar as repetições", diz um consultor. "Isso me diz que eles não se importam ou que as informações simplesmente não foram registradas. Preocupo-me com o fato de que informações semelhantes não serão registradas quando estiverem no cargo."

O mal do "eu"

É impossível evitar referências ocasionais a si mesmo usando a primeira pessoa do singular, mas evite começar muitas sentenças com "eu". Isso o marcará como uma pessoa egocêntrica que não gosta muito de trabalhar em equipe. Substitua por "nós" ou "nossa equipe" sempre que possível. Uma advertência: não seja condescendente demais.

Os consultores detectam facilmente os "candidatos profissionais", executivos bem treinados por empresas de recolocação ou por conselheiros de carreira a conduzir a entrevista de acordo com uma pauta determinada e a evitar todos os sinais de arrogância. "Nada que você pergunta parece tirá-los do sério — são gentis demais", diz Chip McCreary, da Austin-McGregor International. "Tendem a falar sobre confiança e empatia, e abusam do 'nós'. Às vezes, você precisa dizer 'eu'."

A fala do cliente

Os consultores ficam impressionados quando os candidatos enumeram suas realizações empregando a linguagem e as palavras usadas pelo cliente. Por exemplo, um candidato a um cargo de executivo na IBM estaria bem servido se conversasse sobre como "se mobilizou para executar" e "se concentrou em vencer".

Perguntas retóricas

Embora todo consultor vá à entrevista preparado para fazer uma lista de perguntas padronizadas e específicas, eles ficam encantados quando o candidato levanta algumas das perguntas que os consultores fariam normalmente, principalmente sobre falhas ou outras mudanças não ortodoxas de carreira. Por exemplo:

> Por que alguém com minha formação e experiência estaria interessado neste cargo? Porque...
>
> Quais foram as circunstâncias que me levaram a sair da ABC e ir para a XYZ? Em primeiro lugar...
>
> Quantas vezes a equipe de executivos seniores aceita um conselho meu? Quase sempre...

Perguntas retóricas também podem ser usadas para você se posicionar como conhecedor de um setor, uma empresa ou uma decisão estratégica. Por exemplo:

> Por que a Widget decidiu seguir a Magnosoft, entrando no mercado global de software? Porque...
>
> Como a Jones & Smith concorre contra gigantes da indústria como a Andersen Consulting e a Bain? Três maneiras...

Frases para introduzir um assunto

Você pode usar frases introdutórias que indiquem ao consultor que você está para dizer algo importante e significativo. Um recurso usado rotineiramente pelos políticos e oradores públicos, essas introduções também são uma marca registrada dos executivos seniores e consultores gerenciais que trabalham junto a executivos seniores. Além de chamarem a atenção para a sentença que será dita, e tais introduções a reforçam. Veja algumas maneiras de introduzir um assunto:

Minha recomendação é a seguinte... (Nota: esta formulação parece bem mais forte que "Eu recomendo...".)

Deixe-me contar sobre...

Eu gostaria de dividir uma história sobre...

Sei que você deve ter certas preocupações sobre...

Volume

Vários consultores mencionaram que candidatos que têm fala monótona estão em grande desvantagem porque geralmente se espera que os executivos tenham vozes poderosas e dinâmicas. Embora ninguém queira ouvir uma pessoa que grite, a variedade é o tempero da vida, e os comunicadores mais eficazes modulam o volume de sua voz de acordo com seu público e com o conteúdo do que estão dizendo. Sem sentimento e paixão, ou pelo menos sem dar essa impressão, a comunicação em si é ineficaz e certamente imemorável.

O poder do vocabulário

Nada faz um executivo parecer mais mudo que usar as mesmas palavras repetidamente, ou, até pior, usar a palavra errada. Mrs. Malaprop, personagem de Richard Brinsley Sheridan, que dizia: "Se eu *repreendo* qualquer coisa neste mundo... ela está tendo um ataque *histórico*", tem muitos "seguidores" no mundo corporativo, de acordo com os consultores. Embora seja impossível desenvolver um amplo vocabulário da noite para o dia, ou até para uma entrevista de emprego programada para a próxima semana, reconheça que o vocabulário daqueles que são de classe social mais alta é quase sempre mais amplo e mais rico que o de pessoas pertencentes a classes mais baixas.

Formar um vocabulário consistente é o resultado de uma leitura variada, que inclui ficção e literatura — geralmente os melhores textos escritos. Uma leitura de livros de negócios, romances de suspense e páginas de esportes não acrescentará muito ao seu vocabulário. Leia diariamente um jornal nacional e um jornal direcionado aos negócios. Não deixe de ler as páginas editoriais, nas quais pontos de vista contrários são apresentados com estilo e vigor.

Sotaque

Com poucas exceções, os *headhunters* concordam que parecer um bom menino ou menina não é uma maneira eficaz de ser recrutado. Um leve sotaque pode parecer charmoso, mas um forte sotaque pode levar os consultores a descartar um candidato, principalmente quando procuram um CEO ou executivo cuja atividade requer extenso contato pessoal e visibilidade. Na maioria das organizações, as portas do escritório do executivo se abrem mais rapidamente para aqueles que observam um código de comportamento estrito, que inclui falar sem sotaque. Embora haja exceções a esta regra, principalmente para especialistas técnicos como contadores ou engenheiros, os executivos que causam uma impressão mais forte falam como âncoras de noticiários de TV.

Tom de voz

Seu tom de voz, falando em termos estritos, está além de seu controle. Entretanto, muitos candidatos acham que a tensão ou o nervosismo faz o tom de sua voz subir ou até guinchar. Alguns candidatos, principalmente mulheres, tendem a terminar sentenças declarativas com uma inflexão ascendente, fazendo seus comentários parecerem perguntas. Para um consultor, isso faz um candidato parecer em dúvida e submisso. Mantenha a voz em seu registro mais baixo, evite inflexões ascendentes e faça exercícios isométricos para relaxar imediatamente antes de se reunir com o consultor, se você achar que está ficando tenso.

Cadência

As pesquisas mostram que a velocidade ideal de fala para que os ouvintes fiquem atentos e entendam é de 175 palavras por minuto. Mas, com poucas exceções, quanto mais alto estiver na cadeia de comando, mais lenta será a sua cadência. Os executivos falam devagar com indivíduos ou grupos. É uma técnica infalível para assegurar uma audiência cativa. Os pretendentes que não têm autoconfiança tendem a falar em um ritmo rápido porque temem ser cortados antes de terminar. Geralmente, conseguem exatamente o oposto.

Silêncio

Os altos executivos usam silêncios estratégicos para parecer reflexivos. Você não precisa preencher toda pausa com palavras.

Gramática

A gramática impecável é obrigatória, principalmente para um cargo na alta direção. Como a figura mais alta no comando da empresa, um CEO pode envergonhar seriamente sua organização ao usar tempos verbais errados, cometer erros de formação de plural ou de colocação de pronomes em um local público — principalmente com clientes ou analistas de valores mobiliários. A força intelectual pode ter lançado muitos jovens cientistas, engenheiros e outros profissionais "muito hábeis" para cargos de poder e autoridade, mas muito freqüentemente eles permanecem congelados dois níveis abaixo da alta direção porque não corrigem problemas gramaticais. O sistema de castas nos negócios é particularmente cruel com executivos que não adotam as maneiras da classe média alta, e a gramática é um diagnóstico infalível.

Obscenidade

Não há meio-termo neste assunto. Nunca diga palavrões na presença de um consultor. Embora alguns executivos possam usar uma linguagem chula quando estão se comunicando com um pequeno grupo de executivos de alto nível, a obscenidade o qualifica como irreverente, indisciplinado, com mau temperamento.

> *Os bons comunicadores respondem a perguntas difíceis e investigativas com descontração e simplicidade, mantendo uma linguagem simples que qualquer leigo é capaz de entender.*
>
> BILL MATTHEWS, SÓCIO, HEIDRICK & STRUGGLES

Jargão — use com moderação

Embora todo setor e, nesse sentido, toda empresa tenha seu próprio jargão, muitos executivos usam certos vocábulos para chamar a atenção e demonstrar sua sofisticação lingüística, ou para preencher um vazio quando não conseguem usar uma palavra mais exata. Embora não haja problema usar o jargão raramente para captar um pensamento específico ou para dar a impressão de que você trabalha no setor, a maioria dos consultores diz que os melhores executivos evitam jargões e usam as seguintes palavras com parcimônia:

Agregar valor
Arquitetura (por exemplo, arquitetura de sistemas, arquitetura de decisão, arquitetura de remuneração, arquitetura de recompensa)
Cadeia de valor
Capacidade de solução
Essencial

Estratégico
Facilitar
Impactante
Impulso
Iniciativa de mudança
Integração
Interface
Oportunidade
Plataforma
Priorizar
Proativo
Valor agregado
Vantagem competitiva

Avaliação do Consultor: Como Você Diz as Coisas

O QUE AJUDA
  Boas habilidades de ouvir
  Clareza
  Brevidade
  Poder do vocabulário
  Capacidade de desafiar com tato
  Comando da conversa

O QUE PREJUDICA
  Falar demais
  Uso excessivo do "eu"
  Jargão demais
  Incapacidade de ser objetivo
  Fala monótona

E NUNCA...
  Chegue para uma entrevista sem perguntas preparadas
  Xingue
  Descuide da gramática

11

PERFIL DE LÍDER:

HEIDE G. MILLER

Forte como uma rocha

Uma das dez mulheres mais poderosas da América, Heidi G. Miller é uma das maiores especialistas em gerenciamento financeiro e de risco, ex-diretora financeira* do Citigroup, a maior instituição financeira do mundo. Como resultado da fusão da Citicorp e do Travelers Group em 1998, o novo Citigroup possui ativos de US$ 73 bilhões e é o segundo em tamanho, perdendo apenas para a fusão Exxon-Mobil. Criado para fornecer uma variedade de serviços financeiros a consumidores e a empresas do mundo todo, o Citigroup abrange o antigo Citibank, a Travelers Property & Casualty, a Travelers Life & Annuity, o Salomon Smith Barney e a Primerica Financial Services.

Heidi Miller, além de sobreviver à fusão, esteve no controle de grande parte da reorganização. Como responsável pelas classificações de crédito da empresa, que são importantíssimas, traçou linhas bem definidas para a organização ainda caótica, que sofreu alguns choques, lacerações e deserções em seus esforços de se alinhar. Como se o seu posto de diretora financeira não representasse trabalho suficiente, ela também assumiu como diretora de risco da unidade Salomon Smith Barney, da Travelers. Embora seu mentor,

---

* Este livro foi escrito quando Heide G. Miller ainda era diretora financeira do Citigroup.

Jamie Dimon, presidente da Travelers, tenha sido a grande vítima da fusão, em 1998, Heidi continuou a enfrentar com sucesso os manda-chuvas das finanças, como Sandy Weill e John Reed. Diz um *headhunter* que recentemente tentou recrutá-la: "Ela é forte como uma rocha".

ENFRENTANDO OS DESAFIOS

Ex-membro do círculo interno do Citigroup, Heidi Miller tem muita energia, descreve-se como uma "realizadora" conhecida por ser calma, focada e realista em um negócio que pode ser tudo, menos isso. Conhecendo a pressão dos negociadores audaciosos, desde 1979 participa das elevadas apostas no jogo financeiro. Exemplo: quando a Travelers Corp de Sandy Weill quis fazer uma oferta para a compra da Aetna Property & Casualty, em 1995, o acordo dependia de se disponibilizarem US$ 4 bilhões em financiamento quase de um dia para o outro. Weill chamou sua diretora financeira recém-nomeada, Heidi, e disse que o fechamento do acordo dependia dela. Isso exigia duas tarefas quase impossíveis: elaborar um plano em dois dias para convencer os bancos da Travelers a subscrever o acordo proposto, e, ainda mais difícil, assegurar que os empréstimos não afetassem as classificações de crédito da Travelers. Se a Moody's ou a Standard & Poor's detectassem uma dívida grande demais, abaixariam a classificação da Travelers, o que aumentaria o custo da dívida e estragaria o acordo.

Heidi lembra-se de como enfrentou o desafio. "Eu tinha de imaginar uma maneira de financiar aquele acordo. Não fazíamos rebaixamentos; logo, até uma sugestão de rebaixamento teria estragado o acordo." Durante um fim de semana, chegou a uma solução financeira complexa, mas brilhante, que associava os empréstimos a duas ofertas de ações, sendo uma delas privada, de modo que o acordo não aumentasse a classificação de dívida da Travelers. E o acordo não só preservou as classificações de crédito da Travelers, como também aumentou-as. Desde 1992, a Moody's aumentou as classificações de crédito da Travelers de Baa1 para Aa3.

CONSUMANDO O CASAMENTO

Desde que o Citibank e a Travelers anunciaram seu casamento, na primavera de 1998, as duas empresas têm enfrentado dificuldades para consumá-lo: as unidades do banco de investimento e do banco comercial parecem ser culturalmente incompatíveis. Como membro da "tribo da Travelers", Heidi impôs uma maneira enxuta e eficiente de operar a cultura do Citibank, que vê o todo e tradicionalmente ignora os detalhes do gerenciamento diário.

Algumas decisões foram fáceis. A força do Solomon era nos negócios de renda fixa, então assumiu a liderança; o Citibank dominava nos serviços bancários internacionais, logo, assumiu o comando. Mas a responsabilidade por outros negócios, como os derivados, era mais difícil de atribuir.

Quando a Travelers cortou os funcionários redundantes em nome da eficiência, o Citigroup começou a perder a força, e, em outubro, 140 executivos do Citigroup — inclusive Heidi — reuniram-se em The Greenbrier para continuar os esforços da fusão. Resultado: 32 mil funcionários (de um total de 160 mil) foram dispensados. Heidi Miller fez o corte, mas seu mentor, Jamie Dimon, foi solicitado a pedir demissão.

Entre uma queda de 15% nos ganhos e a saída de Jamie Dimon, o valor do Citigroup teve uma redução de US$ 11 bilhões em duas semanas, uma queda de 11%. E Heidi ficou para arrumar a casa. "Os bancos comerciais e de investimento do Citigroup precisam começar a trabalhar juntos para atingir o pleno potencial dessa fusão e evitar que ela seja aniquilada", disse um observador do setor de serviços financeiros.

NEM UM POUCO TÍMIDA

Com credenciais valiosas e mais de 18 anos de experiência no setor bancário, Heidi Miller era a pessoa certa para enfrentar o desafio de assumir como diretora financeira de uma megafusão. Mas isso não se deve apenas à sua experiência ou ao profundo conhecimento da área. O intelecto, o foco, a postura e as habilidades de comunicação de Heidi têm sido fatores essenciais para o sucesso de toda a sua carreira. Conhecida por ter uma personalidade dura, mas encantadora, Heidi teve de abrir caminho em um mundo machista, com personalidades muito bem remuneradas e egocêntricas, como Sanford Weill, *chairman* do Citigroup, Jamie Dimon, ex-presidente do Citigroup, e Deryck Maughan, ex-*chairman* e ex-CEO do Citigroup International. Como alguns observaram: "Se você não os enfrentar, eles lhe puxarão o tapete; se os irritar, comprará uma briga com eles".

"Ser diretora financeira em um lugar onde todos agem como diretores financeiros é um trabalho difícil", diz Heidi. "Não é como uma indústria. Todos aqui têm uma opinião sobre a liquidez e sabem ler um balanço patrimonial." Mas ela não recuou diante do desafio. Embora seja uma das poucas mulheres consideradas executivas realmente poderosas, ela ignora seu gênero — ou prefere ignorá-lo. Quando lhe perguntam como é ser uma mulher em uma posição tão alta, responde bruscamente: "Francamente, nem penso nisso".

Filha de um dentista do Queens, em Nova York, Heidi desenvolveu desde cedo uma queda para trabalhar no clube dos meninos. Estudou em uma das primeiras turmas de Princeton a admitir mulheres. "Princeton era um lugar tão estranho — não havia banheiros suficientes para mulheres", disse ela. "Aquilo me fazia pensar muito sobre ser mulher em um ambiente masculino. Consegui superar."

A LIGAÇÃO COM A AMÉRICA LATINA

Fazer carreira em negócios não foi a primeira opção de Heidi. Quando decidiu não seguir os passos do pai, como era esperado, ele concordou em pagar sua faculdade de direito depois de ela ter se formado, em 1974. Mas direito não a interessou muito. Em vez disso, preferiu ingressar na escola de pós-graduação em Yale e recebeu um Ph.D. em história latino-americana em 1979. Sua tese? Relações de trabalho na era de um mestre em perfil de executivo — o ditador argentino Juan Perón. Quando não conseguiu lecionar história, desistiu da carreira acadêmica, mas o setor bancário estava se expandindo globalmente e procurava candidatos que falassem espanhol e soubessem algo sobre a América Latina.

Durante seus 13 anos na Chemical, Heidi ascendeu rapidamente na hierarquia corporativa. O colapso da economia latino-americana lançou-a na trilha do setor bancário. Uma de suas primeiras tarefas foi representar o banco nas negociações para reestruturação da dívida após a crise da dívida latino-americana que assolou os mercados financeiros. Com uma compreensão da região desenvolvida por meio de seus estudos acadêmicos, Heidi viu algo promissor onde muitos viam problemas financeiros. Ajudou o banco a começar uma mesa de negociação da dívida do Terceiro Mundo e a criar um grupo financeiro corporativo, que trocou as dívidas incobráveis por participações acionárias em empresas locais, como fabricantes de vinho e empresas de seguro. "Como historiadora, eu podia ver a conjuntura de uma maneira que as pessoas não tinham condição de ver", diz ela. Sendo integrante da equipe dirigente que ganhou muito dinheiro para a Chemical, Heidi assumiu a diretoria administrativa e a chefia do estruturado grupo financeiro de mercados emergentes do banco.

TRABALHE PARA PESSOAS QUE VOCÊ RESPEITA

Heidi é uma executiva determinada, mas modesta, que trabalhou junto com algumas das melhores cabeças em serviços financeiros. Saiu da Chemical quando esta se fundiu com a Manufacturers Hanover, em 1992, e foi contratada como assistente de Dimon, então presidente da Primerica, a empresa de seguros de Sanford Weill, que, mais tarde, passou a denominar-se Travelers. Seus amigos, que pensaram que ela estivesse assumindo o cargo de secretária de Dimon, ficaram atônitos. Mas ela viu tudo isso como uma excelente oportunidade de aprender e seguir seu próprio *modus operandi*: trabalhar para pessoas que você respeita. Heidi, que se descreve como avessa a mudanças, decidiu tomar uma iniciativa em vez de esperar até que a nova estrutura se configurasse. Em 1995, foi promovida a vice-presidente executiva e diretora financeira do Travelers Group.

Desde que assumiu a direção financeira do Citigroup, Heidi tentou receber aprovação da fusão pelo Federal Reserve. Os bancos comerciais e as empresas de seguro não têm permissão legal para se fundir, então, a Travelers criou uma holding bancária antes de completar a fusão com o Citicorp. Enquanto o Citigroup aguardava, na esperança de que o Congresso mude a lei, Heidi era responsável por provar que o grupo atendia aos requisitos estritos de relatórios. Também era responsável pelas áreas de contabilidade, tesouraria, tributária e planejamento financeiro, e também pelas funções de análise no nível corporativo. Membro do Citigroup Risk Committee, do Salomon Smith Barney Risk Committee e do Travelers Property Casualty Risk Committee, Miller se reportava a Sandy Weill, ex-CEO do Citigroup.

O nome de Heidi aparece regularmente nas curtas listas de muitos *headhunters*. Embora ela não tivesse se mudado de uma empresa para outra, como muitos de seus colegas nos serviços financeiros, alguns especulavam que ela pudesse seguir seu mentor Dimon assim que ele estivesse em uma boa posição.

PERFIL DE LÍDER

O perfil de líder em Heidi Miller era um contraste gritante com o perfil carismático e exuberante de seus chefes, Sandy Weill e John Reed.

Aparência. Em contraste com algumas mulheres muito bem colocadas no mundo financeiro, Heidi Miller é modesta e conservadora. "Ela não se veste de modo a demonstrar poder — não é vista em um conjunto Chanel", diz um observador. "Ela se parece mais com uma bibliotecária."

Postura. Algumas das profissionais mais destacadas em Wall Street descobriram que ser charmosa ou insinuante facilita a penetração no mundo financeiro, dominado por homens. Mas não Heidi, de acordo com observadores. "Essa é sua força", diz Scott MacCormack, o repórter da *Forbes* que traçou o perfil dela no outono de 1998. "Ela é discreta e faz seu trabalho."

Foco. Assim que Heidi mudou do mundo acadêmico para o bancário, ela se envolveu com ele. "Não gosto muito de mudar ", diz ela repetidamente. "Meu marido diz que eu nem mudo de uma faixa para outra em uma estrada." Para garantir que nenhuma parte do dia seja desperdiçada, ela ouve palestras gravadas sobre assuntos como filosofia e religião enquanto dirige entre Manhattan e Greenwich, Connecticut, onde mora com sua família.

Paixão. Em um setor de personalidades grandiosas e audaciosas, Heidi segue a abordagem contrária. Seu perfil de executiva vem basicamente de seu equilíbrio e da absoluta falta de ostentação. "Ela é apaixonada por ser racional e sincera", diz um observador.

Carisma. Embora os aspectos atraentes do carisma não sejam o forte de Heidi, ela é vista como uma pessoa que se relaciona bem com os outros. "Heidi é muito prática, séria e generosa", diz Scott MacCormack, da *Forbes*. "Ela orientou muitos jovens na Travelers, na Chemical e no Citigroup. Alguns até a consideram maternal."

Intelecto. Heidi foi selecionada como diretora financeira porque nenhum dos sócios envolvidos na fusão pôde concorrer com seu brilhantismo ou com sua capacidade de obter resultados. "Ela é inteligente demais", diz um observador, "e sabe como fazer as coisas em um negócio que é incrivelmente complexo."

Habilidades de comunicação. O senso de humor de Heidi é autodepreciativo, mas muito exato. Quando lhe perguntam sobre sua capacidade de cumprir os prazos e desafios quase impossíveis que seus mentores Sandy Weill e Jamie Dimon lhe atribuíam, ela encolhe os ombros: "Sou uma menina judia do Queens. Gosto de boletins, e as classificações de crédito são minhas notas".

Adequação à cultura. Ao contrário de muitos executivos de serviços financeiros, Heidi passou toda a sua carreira de negócios no setor bancário. O maior desafio cultural para ela, como para muitos funcionários da Travelers, era lidar com a cultura liberal do Citibank e construir uma maneira mutuamente benéfica de fazer coisas que pudessem beneficiar a Travelers, o Citibank e outras unidades do Citigroup — sem baixar as classificações da dívida, evidentemente*.

---

* Quando este livro foi editado no Brasil, Heidi já havia saído da Priceline.com e estava no J.P. Morgan Chase & Co. (N. do E.)

Heidi Miller

Formação acadêmica

Princeton University	Bacharel em História	1974
Yale University	Ph.D., História	1979

Experiência profissional

2004 - hoje   J.P. Morgan Chase, & Co. – Nova York
               Vice-presidente executiva
               CEO

2002-2004   Bank One Corporation – Nova York
               Vice-presidente executiva
               Diretora financeira

2001-2002   Marsh, Inc. – Nova York
               Vice-*chairman*

1999-2000   Priceline.com – Norwalk, CT
               Diretora financeira

1992-1999   Travelers Group/Citigroup – Nova York
               Diretora financeira, Citigroup
               1998 – 1999
               Diretora financeira, Travelers Group
               1995-1998
               Vice-presidente executiva sênior/Diretora de risco
               1993-1998
               Vice-presidente sênior, Planejamento e análise/Assistente do presidente
               1992-1994

1979-1992   Chemical Bank – Nova York
               Diretora administrativa & chefe do grupo, Grupo Financeiro Estruturado de Mercados Emergentes
               1987-1992
               Vice-presidente, chefe da mesa de negociações no México
               1980-1987
               Vice-presidente assistente, Mesa Brasil
               1980-1982
               Trainee de administração
               1979-1980

12
COMO VOCÊ PENSA

A força intelectual e a capacidade de raciocinar estrategicamente são aspectos que o consultor considera obrigatórios.

O perfil de líder é uma combinação de muitos elementos importantes. Mas, perdendo apenas para os sucessos anteriores — o melhor previsor do sucesso futuro —, a força intelectual de um candidato e a capacidade de raciocinar estrategicamente são os fatores mais procurados em um executivo. O intelecto e a agilidade mental foram citados por mais consultores que qualquer outro fator em nossa pesquisa. Supondo que o currículo de um candidato seja preciso, é fácil avaliar seu histórico profissional no papel. Mas é mais fácil avaliar sua capacidade de raciocínio pessoalmente, de acordo com *headhunters* e seus clientes. "Os consultores, em sua maioria, não são pensadores estratégicos, mas podem reconhecer um", diz o consultor Herman Smith. "Alguns de meus clientes e candidatos pensam em um nível superior ao meu. Não tenho necessariamente de entender o que estão dizendo, mas devo julgar sua capacidade de raciocinar estrategicamente."

O que significa raciocínio estratégico? E como um consultor avalia a capacidade que um executivo tem de raciocinar estrategicamente?

Os executivos seniores não são pagos para fabricar um aparelho melhor ou para vendê-lo a um cliente; são pagos para coordenar a multiplicidade de atividades que devem ser realizadas antes de o aparelho existir, durante sua criação, depois que ele é feito, quando é vendido e depois de ser vendido. São pagos para estar atentos ao horizonte e ver não só o que os competidores estão fazendo, mas também como a tecnologia, as comunicações, a economia e a demografia estão mudando e como os clientes usam aparelhos, substitutos de aparelhos, alternativas que dispensam o uso de aparelhos e — Deus nos livre — nenhum aparelho. Eles têm de entender as oportunidades e as ameaças, identificar o que *poderia* acontecer e estabelecer a trajetória até a meta. E têm de motivar as outras pessoas a fazer todo o trabalho. "Nesse nível, os riscos são maiores, os prazos são mais longos e as apostas são mais substanciais", diz o consultor Jeffrey Christian, da Christian & Timbers.

VOCÊ TEM ISSO?

A capacidade de raciocinar estrategicamente pode ser inferida a partir do currículo de um candidato e do que os outros têm a dizer sobre ele. Mas a maioria dos consultores acredita que seja importante confirmar isso pessoalmente, ouvir o candidato articular uma visão e uma trajetória até a meta. Os consultores e especialistas em gerenciamento dizem que os líderes de amanhã terão de traçar trajetórias críticas para complexos problemas globais. "Eles não terão simplesmente de pensar de uma maneira inovadora — precisarão ir além do universo", diz Christian. "Precisam entender como os modelos de negócio mudam da noite para o dia, e fazer malabarismos em 24 fusos horários."

Como os consultores descobrem a capacidade de raciocinar estrategicamente? Pedindo aos candidatos para falar sobre suas realizações e para discutir situações hipotéticas. Os candidatos demonstram se têm raciocínio estratégico pelas questões que discutem e pelas perguntas que fazem. Os consultores ouvem para detectar pistas em sete áreas principais.

PENSAR NO TODO

Os consultores dizem que os pensadores estratégicos, mesmo que estejam preocupados com ganhos no curto prazo ou com a receita do próximo mês, são capazes de focalizar o todo ao fazer uma entrevista de emprego. Sabem que sua função é fazer as coisas mudarem — de uma maneira organizada e coerente. Sabem que têm de imaginar o futuro e suas conseqüências antes de levar a organização para o futuro. E demonstram suas capacidades de raciocínio estratégico com perguntas como:

- Por que os clientes preferem um concorrente a outro?
- Que estratégias distinguem um concorrente de outro?

- Como os avanços tecnológicos afetarão nosso setor?
- Que outros setores oferecem exemplos para o nosso?
- Que tendências políticas e sociais poderiam afetar nosso produto e nossa estratégia?

Além disso, os consultores buscam pistas no que os candidatos dizem. Os candidatos mais bem-sucedidos falam de:

- *Planejar* versus *fazer:* Os pensadores estratégicos falam sobre eliminar a concorrência, preparar a força de trabalho, aperfeiçoar a tecnologia e selecionar as pessoas certas para o cargo antes de iniciarem as atividades.
- *Horizontes temporais:* Aqueles que pensam no todo acreditam ter responsabilidade ao longo do tempo, freqüentemente durante dez anos.
- *Estratégia* versus *táticas ou implementação:* Aqueles que pensam no todo falam sobre concorrentes, forças externas, ameaças e oportunidades, recursos humanos e tecnológicos, considerações de financiamento, onde podem fazer mudanças, e como estas afetarão o resultado financeiro. Pensadores táticos falam sobre procedimentos internos, o funcionamento do cargo, relações de subordinação, personalidades e orçamentos.
- *Assuntos estratégicos:* Aqueles que pensam no todo buscam informações sobre questões estratégicas do cliente, em oposição a questões táticas, orçamento ou remuneração.

Além disso, aqueles que pensam no todo tendem a inserir seus comentários em um contexto estratégico, respondendo à pergunta por trás da pergunta. Se o consultor pergunta: "Como o conselho de diretoria classificaria seu desempenho?", um executivo com perfil não responde simplesmente: "Muito bom". Em vez disso, ele diria: "O conselho classificaria meu desempenho baseado em três critérios: lucros, participação de mercado e crescimento das vendas. Cheguei a resultados baseados em cada um deles da seguinte forma...".

Finalmente, aqueles que pensam no todo:
- discutem questões estratégicas que estão afetando sua organização atual (ou anterior);
- perguntam sobre as forças externas e internas que afetam o negócio do cliente;

- demonstram certa visão sobre os desafios estratégicos do cliente; e
- preparam-se para a entrevista, examinando o relatório anual do cliente e o site, estudando a descrição do cargo e fazendo perguntas que alinhem sua experiência com as questões estratégicas do cliente.

A curiosidade intelectual é um requisito fundamental para qualquer CEO. Espero que alguém nesse nível seja capaz de olhar as questões da maneira como todos a estão considerando — e de acrescentar novas dimensões, maneiras de examinar uma questão que não sejam óbvias a todos.
Peter D. Crist, CEO, Crist Associates

VISÃO

A visão é um dos fatores mais difíceis de confirmar em um currículo ou mesmo pessoalmente. O consultor pode não lhe perguntar especificamente qual é sua visão de negócio ou gerencial, mas, se você não falar dela diretamente, ele fará um julgamento sobre sua visão a partir de tudo o que você disser.

Embora os altos executivos — particularmente os CEOs — possam ter abordagens muito diferentes para atingir suas visões, inclusive fixar, cortar/ queimar, salvaguardar e construir, eles *têm* uma visão, e estão intensamente comprometidos em atingi-la. A maioria dos consultores e seus clientes acha que é importante um candidato a executivo articular uma visão para sua empresa, departamento ou função e descrever como a perseguiram. Praticamente não importa qual seja sua visão, mas é importante deixar claro que você tem uma. Os consultores relatam que uma visão pode ser algo tão simples quanto:

- tornar o gerenciamento da reputação a prioridade número um de sua organização;
- posicionar a Widget Inc. como a fabricante e comerciante número um de aparelhos no Ocidente; e
- transformar uma cultura orientada para o processo em uma cultura orientada para o cliente.

Além disso, você pode ressaltar suas capacidades visionárias ao reconhecer a visão do cliente, que costuma ser declarada com clareza no último relatório anual, e referir-se a ela durante toda a sua conversa. Pode também buscar mais informações sobre como a visão do cliente está sendo implementada.

EQUILÍBRIO

Os consultores adoram quando os candidatos tratam de seus próprios pontos fortes, pontos fracos e erros. Eles estão entre os dados mais importantes que devem relatar a seu cliente. Os candidatos seguros o suficiente para apontar alguns projetos fracassados entre os vários bem-sucedidos constroem credibilidade por si mesmos, mostram que são humanos e, o mais importante, demonstram que os obstáculos não impedem seu progresso. "Não posso confiar em um executivo que diz que nunca teve um fracasso", diz um consultor. "Você sabe que ou ele acusa os outros pelo fracasso ou é totalmente dissimulado."

> *As pessoas tendem a fugir dos problemas. Pensam que, quando estão diante de você, podem vencê-lo. Mas os candidatos precisam fazer sua parte, fazer perguntas inteligentes e descrever com precisão seu papel na concretização de suas realizações. Não há tantas coisas que as pessoas possam me dizer que eu não seja capaz de verificar.*
> CHARLES SPLAINE, PRESIDENTE, SPLAINE & ASSOCIATES

"Os candidatos dispostos a discutir erros, mudanças erradas e pontos fracos são os que mais me impressionam, por três razões", diz Dayton Ogden, ex-presidente da Spencer Stuart. "Eles demonstram sua flexibilidade mental e sua disposição para mudar os rumos quando algo mudou; têm autoconfiança suficiente para mostrar que são humanos; e me fornecem informações diretamente, sem que eu tenha de extrair de uma referência mais tarde." Ogden lembra-se de ter entrevistado um candidato para um cargo de CEO em uma empresa multinacional. "O que mais me impressionou nele foi me dizer que havia desperdiçado os três primeiros meses de seu emprego atual por não agir com a devida diligência antes de seguir uma determinada estratégia." De acordo com Ogden, o candidato também foi sincero sobre seus pontos fortes e fracos. "Ele tinha equilíbrio suficiente para me dizer que se sairia bem em 75% das atribuições do cargo em razão de sua experiência anterior, mas que precisaria de suporte para realizar com eficácia os 25% remanescentes."

> *Se você não entende onde cometeu alguns de seus erros significativos, aí está um problema. Se não fala claramente sobre eles, está negando seus erros. Queremos ouvir o que as pessoas aprenderam com o tempo.*
> STEVE MADER, CEO,
> CHRISTIAN & TIMBERS

Outros consultores concordam que a capacidade de descrever pontos fracos é altamente reveladora quanto ao estilo gerencial de um candidato e seu crescimento intelectual contínuo. "As melhores pessoas não apenas citam suas realizações — elas também lhe dizem o que aprenderam com suas experiências, boas e más", diz Ann Peckenpaugh, ex-vice-presidente da Schweichler Associates. "A capacidade de falar sobre seus pontos fracos demonstra realisticamente sua honestidade intelectual."

Pessoas equilibradas:
- estão preparadas para discutir pontos fracos ou erros;
- descrevem como corrigiram um erro ou problema e o que mudaram para que isso não acontecesse novamente;
- discutem como sua perspectiva sobre uma questão mudou com o tempo e o impacto que isso teve;
- detalham como lidaram com seus erros e o que aprenderam deles; e
- identificam um ou dois problemas na empresa cliente que são semelhantes a situações que enfrentaram, e recomendam formas de conduzi-los.

O que é o perfil de líder? É quase impossível defini-lo. Alguns consultores confiam na "Aparência" — apresentam candidatos que tenham boa aparência, sejam bem vestidos e altos, que tenham estudado em escolas respeitadas e apresentem boas habilidades de comunicação. Mas é fundamental ir além disso. Para mim, o perfil de líder é um nível de maturidade que alguém atinge depois de lidar com uma variedade de experiências de vida. E nunca vi um CEO sem senso de humor.
BILL GOULD, EX-DIRETOR-EXECUTIVO,
GOULD, MCCOY & CHADICK

O senso de humor é outra característica de uma mente equilibrada. Os consultores dizem que o modo de os executivos demonstrarem humor não é contando piadas ou imitando o *chairman* do cliente. Em vez disso, são mestres em fazer chistes de si mesmos e observadores ávidos de ironias ou absurdos. Os executivos com as melhores habilidades interpessoais usam humor para deixá-las à vontade. "Vêem o lado cômico da vida e também o lado analítico", diz Dayton Ogden.

INSTINTO

Os executivos seniores, principalmente aqueles em cargos de CEO ou de direção, não têm tempo para aplicar um processo racional a todas as decisões. Embora os livros de administração recomendem que se tomem decisões por meio do exame de todas as opções, da identificação dos critérios de avaliação, da ponderação quantitativa das opções e da seleção da melhor, dificilmente um executivo usa essa abordagem. Outro fator difícil para os consultores avaliarem é o instinto, que é a capacidade de fazer julgamentos e tomar decisões sem conduzir uma análise demorada das opções. Às vezes chamado de intuição, o instinto é essencialmente o tecido cicatrizado da experiência: o conhecimento consolidado sobre as reações e os comportamentos humanos, políticos e de mercado, acumulado durante anos de tentativas e erros. Mas, já que não existe uma explicação científica para a intuição, muitas organizações não confiam nela.

Os consultores procuram evidências de que os candidatos são capazes de adquirir experiência rapidamente. Algumas das pistas que procuram incluem a passagem por diversos cargos e trabalhos em equipes de projeto de alto nível, que aperfeiçoam as habilidades de tomar decisões. O contato com a diretoria, seja como assistente ou em um cargo de comando, aprimora a capacidade de um gerente de processar dados complexos e lidar com vários grupos. E a capacidade de assimilar rapidamente as experiências dos outros forma o instinto. Os consultores também procuram sinais de antecipação. Os gerentes com instinto muito aguçado já estão se concentrando nos desafios que esperam enfrentar nos próximos cinco anos.

ASTÚCIA POLÍTICA

O raciocínio estratégico exige inteligência emocional e também inteligência intelectual, de acordo com os consultores. Executivos com astúcia política percebem com exatidão as relações fundamentais de poder e as redes sociais cruciais. Entendem que toda organização e todo consultor têm regras básicas implícitas do que é aceitável e do que não é. Também sabem como o jogo de recrutar funciona e participam dele.

De acordo com Daniel Goleman, autor de *Working with Emotional Intelligence*, toda empresa tem seu próprio sistema nervoso invisível de conexões e influências, e a capacidade de ler a realidade política é vital para formar redes invisíveis e construir coalizões que permitam a um executivo exercer sua influência.

A engenhosidade é outro aspecto da astúcia política. Às vezes, as regras não escritas e formais de uma empresa podem apresentar poderosos entraves para atingir resultados. Enquanto contornar ou ignorar a política e a tradição oficiais pode diminuir a credibilidade e a liderança moral, ter um dom para criar um desvio às regras ou para redefini-las de modo a atender seus objetivos pode gerar elogios para os executivos.

Aos que desejam ser executivos é fundamental entrosar-se com o clima e a cultura da empresa — e com as forças que modelam as visões e as ações de clientes e concorrentes. Também é essencial perceber com exatidão a realidade organizacional e a externa.

O JOGO DO PROCESSO DE SELEÇÃO

Não cometa o erro de tratar um consultor, principalmente de uma empresa de seleção de executivos, como um conselheiro de emprego. Os consultores se consideram parte da elite empresarial e odeiam quando os candidatos pronunciam seu nome incorretamente ou se esquecem de seu nome, não valorizam seu papel ou supõem que eles sejam simplesmente condutores para aquele que finalmente tomará a decisão.

E evite a tentação de exagerar ou de não dar declarações verdadeiras. Os candidatos a posições de executivos e funcionais são francos com os consultores ao descreverem seu escopo de autoridade e realizações. Entretanto, o desafio de superar um rival freqüentemente leva os candidatos a valorizarem suas realizações para conseguir uma oferta que podem nem ter intenção de aceitar. Os consultores de seleção de executivos são hábeis em detectar respostas prontas, hipérboles ou afirmações desgastadas para autopromoção. Veja a seguir alguns exemplos clássicos, acompanhados de como um consultor interpreta essas afirmações.

"Como vice-presidente assistente na XYZ Corp., meu cargo equivale ao de vice-presidente sênior no quadro organizacional de seu cliente."

Interpretação: "Sou um dos 400 vice-presidentes assistentes, e parece que não serei promovido para vice-presidente adjunto".

"Meu maior ponto fraco é trabalhar demais. Exijo demais de mim e de meus funcionários."

Interpretação: "Se eu lhe disser todos os meus verdadeiros pontos fracos, você sairá correndo aos gritos e nunca conseguirei um emprego".

Interpretação alternativa: "Acabo de terminar a leitura de todos os livros que pude encontrar sobre como me sair bem em uma entrevista, e foi isso que me recomendaram dizer".

"Meu objetivo é me tornar CEO."

Interpretação: "Esqueci de pensar sobre qual é meu objetivo antes de vir para esta reunião".

"A faixa salarial e os benefícios realmente não importam. Estou à procura de uma oportunidade de carreira. O trabalho é uma prioridade para mim."

Interpretação: "Estou fazendo entrevistas em todos os lugares que posso, e, quando terminar esse processo, vou escolher a oferta cujo salário for mais alto".

"Saí da empresa e estou prestando consultoria."

Interpretação: "Houve uma demissão e eu fui pego no fogo cruzado. Estou desempregado e à procura de um novo emprego".

Uma vez que esta é a interpretação usual, os "verdadeiros" consultores precisam ser muito claros quanto a essa distinção. Se você está procurando emprego, mas tem feito alguns projetos sérios de consultoria, inclua em seu currículo um adendo que os descreva. Um resumo de sua prática de consultoria, ou mesmo um folheto promocional, seria uma valiosa inclusão em seu currículo, quando começar a pensar novamente em um cargo de período integral.

"Sei que a empresa não está indo bem e que pode haver demissões. Mas quero ficar lá até que as demissões terminem."

Interpretação: "Estou realmente assustado com a mudança. Estou aqui há tanto tempo que gostaria de esperar até ser arrancado do ninho em vez de pensar em sair".

"Acredito fortemente que o talento gerencial pode ser transferido entre os setores."

Interpretação: "Parece que não funcionou bem em meu setor".

"Aumentei as receitas em 20% no ano passado."

Interpretação: "Não sei bem qual foi a receita, mas o consultor ficará impressionado com essa porcentagem".

Um forte candidato para um cargo geral de diretoria deve ser capaz de elaborar uma matriz que mostre as receitas, despesas, lucros antes dos impostos e o número de funcionários da empresa nos últimos cinco anos — de cabeça. "Qual é o grau de controle desse executivo na prática, se não consegue apresentar dados concretos?", diz o consultor Steve Seiden. "Ele pode ser apenas um sujeito que se autopromove e diz que controla o resultado financeiro, mas não faz nada disso."

NÃO SE DEIXE LEVAR PELO INSTINTO

Embora nunca seja sensato mentir sobre suas realizações ou seu histórico profissional, não se apresse em fornecer informações que possam sabotar suas chances de obter o emprego. Um mês depois que o chefe de marketing de uma grande empresa de consultoria internacional foi solicitado a sair pelas diferenças ideológicas com o CEO da empresa, ainda estava lutando para encontrar um novo emprego. Com poucas oportunidades disponíveis em sua faixa salarial, estava prestes a aceitar um cargo gerencial intermediário em uma agência de propaganda quando um consultor ligou. Estaria interessado em trabalhar em um importante banco comercial como vice-presidente de marketing, com uma remuneração inicial 20% mais alta que o seu nível atual?

Sem perspectivas em vista e com os pagamentos da hipoteca de sua casa se acumulando, o candidato resolveu assumir um dos piores papéis: fazer-se de difícil. O desafio dele era alimentar o contínuo interesse do consultor enquanto deixava transparecer que era importante demais para sair de sua situação atual. Embora seu currículo estivesse "rodando" há várias semanas, disse ao consultor que não tinha uma versão atual preparada e pediu para ver a descrição do cargo para o banco. O consultor mandou-a por fax, o candidato formatou o currículo de modo a se encaixar nas especificações e, em menos de duas semanas, recebeu uma oferta do banco — e um bônus de admissão.

Avaliação do Consultor: Como Você Pensa

O QUE AJUDA

Bons exemplos e evidências
Senso de humor
Curiosidade

Perguntas inteligentes
Capacidade de reconhecer erros
Aprender com rapidez
Flexibilidade
Pensamentos claros e profundos
Imaginação

O QUE PREJUDICA
Inflexibilidade
Incapacidade de lidar com questões estratégicas
Incapacidade de quantificar resultados
Pensamento confuso
Incapacidade de fundamentar afirmações
Foco no passado, e não no futuro

E NUNCA...
Use respostas prontas
Vá despreparado

13

A PAIXÃO POR LIDERAR

Não há líderes relutantes. A paixão de levantar-se e liderar é o fator mais importante para o sucesso de um novo CEO ou de qualquer alto executivo.

"Você tem de querer, e querer muito", diz Gerry Roche. "Há muitos sujeitos excelentes que simplesmente não querem. E, se você não quiser, não vai atrás, porque isso requer paixão, impulso e extrema dedicação."

O DESEJO VENCE TUDO

"Mesmo que você seja um navegador brilhante e saiba como velejar, tem de querer comandar o barco", diz Roche. "Se não quiser, um sujeito dominador, egoísta, falador e extrovertido se levantará e dirá: 'Nós vamos seguir por esse lado'. As pessoas seguirão o sujeito, e não você — não importa o quanto você saiba."

A paixão e o compromisso podem até compensar os pontos fracos do currículo. A consultora Bonnie Crabtree, da Korn/Ferry International, conta sobre um candidato que foi indicado a ela para um cargo de diretoria. "Seu currículo era excelente, e eu estava mentalmente preparada para passar o mínimo de tempo possível com ele. Em vez disso, gastei uma hora e meia." A razão? Seu dinamismo e entusiasmo. "Ele entrou na sala de entrevista com energia, estendeu a mão e disse: 'Olá, Bonnie! Como vai? É um prazer enorme conhecê-la'." De acordo com Bonnie, ele sabia fazer uma entrevista e fez as perguntas estratégicas sobre como suas habilidades se encaixavam no perfil, quais eram as expectativas da empresa nos primeiros três meses, nos primeiros seis meses e como a empresa julgaria se ele estaria ou não provocando um impacto nela. O mais importante: demonstrava um interesse sincero.

Em contrapartida, alguns executivos que parecem ser imensamente promissores, pelo currículo, minam sua própria força por causa de seu temperamento morno. Um consultor se lembra de conduzir uma seleção para o presidente de uma divisão de produtos de consumo de uma importante multinacional. "Meu candidato tinha o perfil ideal", diz ele. "Seu currículo mostrou um padrão consistente de aumento de responsabilidade e autoridade desde que havia se formado na Harvard Business School, em meados da década de 70. Fora promovido a cada três anos, além de regularmente recrutado por organizações de alta qualidade, e estava em um cargo administrativo geral em uma empresa global de embalagens.

"Parecia o candidato ideal", diz o *headhunter*. "Mas quando me encontrei com ele, fiquei surpreso com sua falta de entusiasmo com o desempenho de sua atual empresa e com os desafios que ela enfrentava." Quando o consultor pediu-lhe para descrever o problema mais contundente que sua empresa resolvera, o candidato disse que não conseguia pensar em nada particularmente contundente. Quando ele disse: "Temos tudo sob controle e ela está funcionando como um relógio", o consultor sabia que ou ele era um dos candidatos menos interessantes que já havia entrevistado ou estava mentindo. O consultor cortou o candidato e acabou apresentando três executivos com menos credenciais, mas com mais entusiasmo.

"Se alguém em uma entrevista pessoal não parece interessado, é sinal de perigo", diz a consultora Bernardette Pawlik, sócia da Pawlik-Dorman Partners, em Chicago. "Quando os candidatos passam pela seleção de currículo e por telefone, geralmente entram no processo. Vêem a entrevista com o consultor como a 'rodada final' e querem vencer."

CEOS APAIXONADOS

A paixão não pode ser determinada a partir de um currículo ou de uma conversa ao telefone, diz o consultor Skott Burkland. Só pode ser determinada em uma reunião face a face. "Os verdadeiros líderes, sejam nas empresas, no governo ou em outras profissões, vivem, sonham e pensam no seu trabalho", diz Burkland. "Para eles, ser CEO significa mais que simplesmente fazer o trabalho. Significa tentar imaginar como podem dar uma contribuição maior e atrair pessoas igualmente apaixonadas para trabalhar na equipe."

Também significa sacrificar horas e horas. Embora a maioria dos executivos seja nascida e criada em um ambiente de classe média alta, "freqüentemente têm uma ética de trabalho operário que lhes permite trabalhar sem parar", de acordo com o consultor Dennis Carey, da Spencer Stuart. "Os executivos sabem que estão em uma missão e têm uma necessidade extrema de vencer. São como generais no meio de uma guerra: sabem que os riscos são altos e sentem que é importante demonstrar às tropas que são guerreiros incansáveis, empenhados em vencer a batalha", diz Carey. "Às vezes, eles realmente agem como generais que nunca dormem nem relaxam: convocam as tropas ao escritório no final de semana, ligam no domingo tarde da noite."

> *O que distingue os CEOs bem-sucedidos é seu compromisso com a empresa. O negócio é seu hobby. Tudo o que fazem é pela empresa ou para acumular conhecimento sobre o negócio.*
> KATHLEEN JOHNSON, EX-SÓCIA, BARTON ASSOCIATES

A paixão pode não ser necessária para um diretor financeiro, mas é essencial que os altos executivos e gerentes gerais demonstrem paixão, compromisso e ferocidade — os traços dos amantes. Como diz Herb Kelleher, *chairman* da Southwest Airlines, que é constantemente eleito um dos melhores líderes das corporações americanas: "Adoro isso, adoro — tanto quanto se possa adorar". "Encontre o líder que adora seu negócio — que não esteja preocupado se vai para Augusta ou para Davos", diz Warren Buffett, CEO da Berkshire-Hathaway. "Eu poderia jogar golfe como Tiger Woods, mas, se a Berkshire não estivesse indo bem, eu não me sentiria feliz."

DESCOBRINDO EXECUTIVOS APAIXONADOS

Não é fácil. Amanda Fox, sócia do escritório da Spencer Stuart em Chicago, lembra-se de uma seleção para encontrar o CEO para uma *joint venture* entre uma grande empresa de consultoria e um importante banco comercial. "Para esse tipo de posição, um candidato precisava de energia suficiente para convencer tanto os sócios da *joint venture* quanto os funcionários de que ele estaria no comando", diz Fox. Um dos candidatos era um executivo sênior de um banco de investimento que tinha sido sócio em um dos seis principais escritórios de contabilidade e também tinha assumido a diretoria de uma empresa de assistência médico-hospitalar em crescimento. Também tinha experiência internacional — outro requisito do cargo. "Fui encontrá-lo pensando que o sujeito que passasse por aquela porta seria um verdadeiro dínamo", diz Fox. "Mas Caspar Milquetoast entrou." Com uma maneira esquiva, uma voz monótona e uma incapacidade de transmitir entusiasmo por qualquer uma de suas realizações anteriores, o candidato não apaixonado parecia uma pessoa diferente daquela apresentada em seu currículo e com quem ela havia falado ao telefone. Quando Fox comprovou as credenciais em seu currículo, ficou claro que a maioria das promoções e dos novos cargos veio de seu chefe e de outros a quem ele fizera o papel de "puxa-saco". "Líder ele não era", diz Amanda. "Não havia construído nem moldado seus cargos e empresas — ele os herdara e lidara com eles."

> *Paixão não deve ser confundida com arrogância. A arrogância transparece quando o candidato não consegue olhar nos olhos, fala sem parar e diz "eu" em vez de "nós". Uma preocupação básica de um candidato arrogante é se o cargo está à sua altura.*
> ANDREA REDMOND, DIRETORA-EXECUTIVA,
> RUSSELL REYNOLDS ASSOCIATES

A paixão também pode ser confundida com extroversão. De acordo com Dennis Carey: "Um candidato que fala muito — em um tom de voz alto — não é necessariamente apaixonado. Certamente é possível demonstrar paixão sem fazer alarde, e os executivos que seguem esse modelo podem até ser mais inspiradores que aqueles que fazem estardalhaço". Carey aponta para Stuart Kessler, contador público que é presidente do American Institute of CPAs. "Ele é um homem muito culto que pode ser considerado quase tímido", diz Carey. "Mas é extraordinariamente apaixonado pelo impacto que a contabilidade pode ter na indústria americana. E transmite sua paixão extremamente bem."

ENERGIA

Como os consultores avaliam a energia? Muitos especialistas em gerenciamento concordam que um líder é a principal fonte do tom emocional e da excitação de sua organização. Como expressa Birgitta Wistrand, CEO de uma grande empresa sueca: "Líder é transmitir energia". De acordo com a consultora Amanda Fox, o nível de energia é um dos previsores mais importantes de que o candidato decolará. "As corporações que recrutam de fora têm um número enorme de questões a tratar e, em geral, procuram alguém com nova vitalidade para revigorar a empresa", diz ela. "Para muitas empresas, a energia física de um candidato é a manifestação do fervor interno necessário para diagnosticar e tratar um conjunto complexo de desafios."

A maioria dos executivos poderia aprender uma lição sobre energia — e coragem — de Carol Bartz, que assumiu o cargo de CEO da Autodesk, uma empresa de software do Vale do Sílicio, em 1993. No segundo dia na empresa, Bartz, ex-executiva da Sun Microsystems, foi diagnosticada com câncer de mama. Imaginando que, como novo CEO, não era o momento de se ausentar, recusou-se a deixar a doença afastá-la do trabalho. Fez uma lumpectomia de emergência e trabalhou um mês antes de fazer a mastectomia radical de que precisava.

> *Nos primeiros 30 a 60 segundos de uma entrevista, procuro a "voltagem" — o efeito combinado do nível de energia, paixão pelo negócio e vantagem competitiva.*
> DAVID R. PEASBACK, CHAIRMAN E CEO,
> CANNY BOWEN, INC.

Os altos executivos que são continuamente alvo das atenções e que interagem com outras pessoas sabem que um forte nível de energia é essencial para estabelecer um exemplo positivo para as tropas e absorver os inevitáveis golpes baixos que os negócios lhe dão. Apesar da dúvida e da preocupação, os melhores executivos dão constantemente a impressão de que não só sabem o que fazer, mas também sabem como fazer. O mais importante: convencem suas equipes de que seus planos são viáveis. Ao mesmo tempo, têm de lidar com um fluxo contínuo de decisões, grandes e pequenas, em um fórum público.

Os observadores de CEOs ficam invariavelmente espantados com a energia que estes demonstram em todas as facetas de suas vidas. Poucas pessoas viram Jack Welch, ex-CEO da General Electric, entediado ou cansado. O mesmo se pode dizer de dirigentes destacados como Michael Armstrong, CEO da AT&T, Lou Gerstner, ex-CEO da IBM, e de muitos outros altos executivos menos destacados.

> *O candidato é cheio de energia, incansável? Quais são seus hábitos de trabalho?*
> DURANT A. HUNTER, PRESIDENTE E CEO,
> PENDLETON JAMES ASSOCIATES

Embora a energia seja um componente básico da paixão e do perfil de executivo, os consultores querem constatar se ela é bem controlada e contida. Às vezes, nem o executivo nem o *headhunter* são capazes de conter o nível de energia. Um consultor diz ter entrevistado candidatos para um cargo de CEO em uma indústria do Centro-Oeste. "A empresa era um negócio familiar bem-sucedido. O velho queria se aposentar e passar a direção para um gerente profissional, que trouxesse energia e sangue novo para motivar uma operação muito parada. Um de nossos candidatos era o executivo número dois de uma concorrente em Chicago que não tinha conseguido o posto de comando na empresa." De acordo com o *headhunter*, o currículo do candidato era excepcional, e várias referências tinham dito que ele seria realmente capaz de dar uma guinada na empresa.

"Ele parecia um tornado", diz o consultor. "Entrou na sala de reunião como Átila, o Huno, fechou a porta e olhou em volta da sala até que nos olhamos. Depois de respirar profundamente, ele parou, estendeu a mão e me disse que era Joe Blow e estava lá para me ajudar. Perguntei por que estava interessado no cargo, e ele iniciou um solilóquio de 30 minutos que parecia ser dirigido para mim, para a porta, para a cadeira vaga, para sua própria mão esquerda e para o telefone. O sujeito não conseguia parar quieto — levantou-se pelo menos quatro vezes enquanto falava. Foi naquele dia que eu percebi o quanto uma sala dez por dez parecia pequena."

OTIMISMO E ENTUSIASMO

Um aspecto importante da paixão em um contexto de negócio é o otimismo. Embora as profecias da *Bíblia*, que ameaçam os pecadores de ir para o inferno, possam motivá-los a se arrepender, o ambiente corporativo americano não é um lugar que assuste ou desvalorize uma empresa que esteja em transformação, principalmente em uma era de baixo nível de desemprego e mudança violenta de emprego. "O velho adágio que diz que se capturam mais moscas com mel que com vinagre é a essência do sucesso gerencial nas organizações de hoje", diz um consultor. "O mel inclui a remuneração e os benefícios, mas também inclui dizer à equipe que eles podem fazer mais e melhor, em vez de lembrá-los de como são inadequados."

Um líder é alguém que pode transformar a pressão em energia positiva.
KENNETH M. RICH, SÓCIO, RAY & BERNDTSON

O consultor Steven Darter, presidente da People Management Northeast, certa vez entrevistou um candidato que passou uma hora citando gafes e avaliações incorretas do cliente. "Ele me disse que conseguiria dar uma guinada na empresa, mas não poderia me revelar nenhuma tática específica", diz Darter. "Nós o tiramos da lista no instante em que saiu da sala." Não há problema em expressar as preocupações com alguns aspectos da estratégia, da linha de produto ou das operações do empregador potencial — principalmente se você sugerir uma abordagem que funcione melhor. Mas não deixe a entrevista virar uma sessão de críticas. Os empregadores querem gerentes entusiasmados com as oportunidades, e não que reprovem erros passados. Se você sente certa apreensão quanto aos problemas da empresa, expresse-a de maneira positiva, ou pelo menos demonstrando interesse.

Quanto mais você sobe em uma empresa, mais importante são suas habilidades de convencer e de persuadir — interna e externamente. Afinal, o CEO é o maior vendedor da empresa — a clientes, acionistas, funcionários, legisladores, mídia e outros importantes participantes. E as pesquisas têm mostrado que o otimismo é essencial para o bom desempenho nas vendas. A Metropolitan Life, por exemplo, testou vendedores quanto ao otimismo para determinar seu efeito sobre o desempenho nas vendas. Os vendedores que tiveram alta pontuação em otimismo vendiam 37% mais seguro que os pessimistas. Os candidatos otimistas que não atenderam a outros critérios de testes da Metropolitan Life Insurance Company foram contratados assim mesmo. Este grupo vendeu 21% a mais que os pessimistas em seu primeiro ano, e 57% no ano seguinte. E o otimismo pode ser ensinado. Há livros dedicados ao assunto.

FOCO

Os consultores procuram candidatos com ótimas habilidades de concentração porque a habilidade de concentração é outro elemento fundamental da inteligência emocional. Os líderes raramente desviam seu foco: eles têm a capacidade de dedicar 100% de sua atenção a uma única questão, enquanto centenas de outras questões se processam em segundo plano. Eles se inclinam ligeiramente para a frente quando se sentam — demonstrando atenção — e ouvem atentamente. Também têm um dom para resumir uma questão a seus pontos fundamentais de forma rápida e elegante. Chegam rapidamente ao cerne da questão.

A falta de foco tirou da lista um bom candidato para um cargo de diretor financeiro em uma importante empresa de produtos de consumo. Embora tivesse a experiência e o perfil certos, o candidato interrompeu a entrevista de 45 minutos com o consultor três vezes para atender o celular. Duas das chamadas diziam respeito a consertos de encanamento de sua casa.

Bob Clarke, que recruta para empresas de *managed care* e profissionais médicos, lembra-se de ter entrevistado um médico para um cargo de diretor médico em uma grande clínica. "Ele tinha um *beeper* ligado e recebia chamadas durante a entrevista", disse Clarke. "Embora tivesse excelentes credenciais, eu o tirei da lista. Além de ser uma grosseria comigo, isso foi antiprofissional: um médico não deve assumir outros compromissos quando está trabalhando."

DESEJO CONTROLADO PELO RISCO

Como qualquer coisa em que a paixão está envolvida, dirigir um negócio envolve certo risco. Em geral, uma empresa não liga para um consultor de executivos a não ser que queira explorar uma estratégia diferente ou uma solução "não convencional" — uma abordagem arriscada, mas potencialmente compensadora que um *insider* não pode fornecer. Muitas empresas criadas recentemente — por definição propostas arriscadas — recrutam executivos de fora para adquirir a experiência e o conhecimento necessários para construir uma organização.

Julgar o desejo de um candidato pelo risco é uma das tarefas mais desafiadoras de um consultor. Muitos *headhunters* acreditam que, quanto mais os executivos trabalham em grandes corporações, menor é o desejo pelo risco que provavelmente tenham. A experiência em uma grande organização proporciona sempre um ótimo embasamento em habilidades gerenciais fundamentais, mas torna os gerentes cada vez mais avessos a riscos. O consultor Fred Siegel lembra-se de ter conduzido uma seleção para o CEO de uma empresa iniciante com faturamento de US$ 5 milhões. "O candidato tinha uma formação perfeita, sólida formação acadêmica, aparência refinada, excelentes habilidades de comunicação e a postura e o carisma necessários para um alto cargo de liderança", diz Siegel. "Mas ele era carente. Vindo de uma empresa grande, estava acostumado a todos os tipos de suporte e temia riscos."

"Embora haja exceções, a maioria das megaempresas permite uma margem maior de erro e tem mais lugares para esconder erros e as 'provas do crime'", diz outro consultor. "Em uma empresa menor, os executivos são responsáveis por uma gama maior de atividades e têm de tomar mais decisões, com mais rapidez e menos informações." De acordo com o consultor, é quase impossível encontrar um executivo de uma grande corporação com tolerância suficiente a risco para dirigir um novo empreendimento. "Se nosso cliente precisa de um gerente-geral para uma nova *joint venture*, procuramos executivos que tenham gerenciado novas unidades de negócio dentro de grandes empresas, ou aqueles que oscilam entre empresas grandes e pequenas."

Quando recrutam executivos para cargos na alta diretoria, os *headhunters* procuram pessoas fascinadas pelo risco e que possam falar livremente dele. "O medo do fracasso é o que faz seu coração bater acelerado", diz Jim Barksdale, ex-CEO da Netscape. De fato, alguns consultores buscam ativamente candidatos a executivos motivados pela combinação paradoxal de desejo pelo risco e medo do fracasso. De acordo com Steven Mader, CEO da Christian & Timbers, em Boston, o candidato ideal para a diretoria de uma empresa iniciante financiada com capital de risco é alguém que teve uma carreira em uma grande empresa, criou uma pequena empresa e fracassou. "Agora eles estão famintos — e bem informados", diz Mader. "Os investidores privados adoram dar as mãos a alguém que está se refazendo de um primeiro erro, porque seu nível de motivação não poderia ser maior."

Avaliação do Consultor: Paixão

O QUE AJUDA

    Entusiasmo por desafios

    Olhar nos olhos

    Capacidade de se concentrar

    Magnetismo

    Otimismo

    Intensidade

    Assumir o comando da entrevista

    Capacidade de transformar a pressão em energia positiva

O QUE PREJUDICA

    Ser prolixo

    Baixo nível de energia

    Afobação

    Pouco contato do olhar

    Distração

E NUNCA...

    Aja como se não se importasse

    Demonstre inquietação

    Faça movimentos ou sons repetitivos

14

CARISMA

Uma capacidade notável de conseguir que os outros aceitem suas idéias e as promovam apaixonadamente.

O consultor respirou aliviado quando seu candidato saiu do portão de desembarque. Todo candidato que ele havia entrevistado para o cargo de CEO tinha um currículo de acordo com as especificações. Mas esse candidato parecia realmente um CEO.

A seleção para diretor-presidente de um fabricante de componentes eletrônicos instalado no Centro-Oeste foi exaustiva. Poucos dos melhores candidatos estavam interessados em se mudar da Costa Leste ou Oeste. A maioria dos outros candidatos não tinha habilidades de comunicação, visão estratégica nem experiência no setor para assumir o cargo. Muitos simplesmente não pareciam se encaixar no perfil, e a diretoria da empresa insistia que o novo CEO tivesse presença de palco e habilidades de comunicação que agradassem vários públicos.

Parecia que as preces do consultor tinham sido atendidas. Alto — mais de 1,80 m —, magro, saudável e ativo, cabelos um pouco grisalhos nas têmporas, o candidato reconheceu o consultor e se dirigiu rapidamente até ele, sorrindo, com a mão estendida para dar um aperto forte: "Fred. Prazer em conhecê-lo. Estou ansioso para conversar com você".

Passados dez minutos, no entanto, na sala de conferências do Admiral's Club, o alívio do consultor se transformou em frustração. Depois de reclamar amargamente do serviço de primeira classe no vôo, o candidato começou a falar de seu empregador atual, de suas diferenças ideológicas, de sua perspectiva claramente superior sobre o que a empresa precisava e de sua falta de confiança na equipe, uma vez que a maioria dos integrantes lhe fora encaminhada quando fora recrutado para a empresa, dois anos antes. Estava ansioso para deixar tudo para trás e assumir a nova oportunidade de carreira oferecida pelo consultor.

Em outra seleção, o consultor Steven Darter, da People Management Northeast, lembra-se de ter voado para se encontrar com um candidato a um cargo de diretor regional de vendas de uma grande companhia de seguros. "Seu currículo era excelente e, ao telefone, parecia ser competente", diz Darter. "Mas, quando entrou com um terno xadrez, óculos caídos e cabelo desalinhado apontando para todas as direções, lembrei-me imediatamente de Larry, dos *Três Patetas*." Apesar de sua aparência não ortodoxa, o candidato era um dos melhores que Darter tinha entrevistado. "Era animado, cativante, bem informado e estava sinceramente interessado na oportunidade. E então descobri que três outras empresas também estavam tentando recrutá-lo."

Como qualquer qualidade de liderança, o carisma tem um lado sinistro — pense em Charles Manson, nos televangelistas ou nos sociopatas —, mas a maioria dos consultores diz que o carisma é uma característica desejável para executivos, contanto que seja usada adequadamente e aplicada consistentemente. Por quê? Porque sugere uma capacidade notável de conseguir que os outros endossem suas idéias e as promovam apaixonadamente. De acordo com Jeffrey Sonnenfeld, que presidiu o Center for Leadership and Career Studies, da Emory University, quando um executivo tem carisma, seu desempenho profissional é melhor. Seus subordinados diretos se sentem inspirados. O entusiasmo se espalha pela organização.

CAVALO DE CIRCO *VERSUS* BURRO DE CARGA

Embora executivos famosos como Herb Kelleher, *chairman* da Southwest Airlines, Jim Barksdale, ex-CEO da Netscape, e o falecido Sam Walton, da Wal-Mart, sejam personalidades marcantes que transpiram carisma, os gerentes de hoje podem ter outra natureza. Steve Case, ex-CEO da America Online, é conhecido por se comunicar com os clientes por correio eletrônico e sente-se mais à vontade diante de um monitor de computador do que diante de uma multidão. E muitos observadores dizem que a última safra de CEOs decidiu dar pouca prioridade à parte do cargo que lhes dá mais visibilidade — promover visões grandiosas, dar informações à comunidade financeira de Wall Street, reestruturar empresas, aparecer em anúncios da empresa — e se concentrar nos aspectos do "burro de carga". Paul Walsh, ex-CEO da Pillsbury, diz: "Ser o foco das atenções faz as pessoas quererem testar você". Em uma era em que se delega poder aos funcionários, os CEOs precisam se livrar de sua imagem de figurão para se comunicar com suas tropas. Mesmo as escolas de administração enfatizam as habilidades objetivas, a obediência e o gerenciamento consensual. Sonnenfeld, ex-professor da Emory, diz que não se ouve muito sobre carisma nas escolas de administração. "A maioria dos cursos de liderança focaliza os 'seguidores' em vez dos líderes. O resultado é uma guerrilha contra o carisma."

Os *headhunters* concordam que o carisma se refere menos aos aspectos de "cavalo de circo" da liderança que aos de "burro de carga": criar *momentum*, gerar dinamismo no trabalho e gerar energia em outras pessoas. Carisma também significa:

- a capacidade de unir pessoas para executar um trabalho e de prestar atenção a todos os que estão envolvidos no projeto;
- entender as pessoas que o estão seguindo, por que o estão seguindo, o que as leva a isso e como você pode ajudá-las; e
- demonstrar como você é sério quanto a gerar *momentum* na organização, parecer interessado, atencioso e preocupado. Charlotte Beers, ex-*chairman* da Ogilvy & Mather, define carisma como "perspicácia, humor e capacidade de expressar alegria".

Os consultores concordam que avaliar o carisma em uma entrevista com um indivíduo é um desafio, mas eles procuram pistas importantes. Lembrar-se de nomes e ter cordialidade e compreensão são muito importantes. A extroversão também: executivos carismáticos geralmente gostam de ter pessoas em torno de si e de mencionar os outros em conversas. Dizem mais "nós" do que "eu". Evitam a linguagem conceitual e conversam sobre pessoas usando várias frases-chave: "Entendo", "Acho", "Percebo...".

O PODER DO OTIMISMO

O otimismo — que faz a pessoa ver o copo meio cheio, e não meio vazio — também está fortemente correlacionado com o carisma. Quando a melhor candidata de um consultor passou mais da metade da entrevista pessoal reclamando sobre seu chefe atual e a estratégia equivocada de sua empresa, "ficou claro que ela não tinha carisma", diz um consultor. Como resultado, caiu para o último lugar da lista e nem foi apresentada ao cliente.

Como otimistas, os executivos carismáticos não temem dar notícias desagradáveis. "Qualquer um pode apontar uma coisa ruim e se queixar disso", diz o consultor Brian Sullivan, um dos maiores *headhunters* de Wall Street. "Os líderes com carisma falam sobre coisas ruins que aconteceram em suas empresas e o que farão a respeito. As ações da Chase perderam 40% de seu valor no outono de 1998. O valor líquido de todos foi arrasado. Mas os executivos carismáticos dirão: 'Todos nós fomos afetados, mas vamos resolver os problemas de um modo otimista. Precisamos ser uma empresa motivada, envolvida — e nossos clientes também precisam de nós'. Isso é liderança."

MENSAGENS SIMPLES

Os executivos carismáticos têm uma capacidade notável de transformar idéias complicadas em mensagens digeríveis ao simplificar e exagerar. Jack Welch, ex-CEO da General Electric, enviou uma mensagem clara para os funcionários da empresa, desde operários da fábrica até a direção, quando lançou sua estratégia "número um ou dois" que exigia que se consertasse, fechasse ou vendesse qualquer negócio que não fosse o primeiro ou segundo na participação de mercado mundial. Ronald Reagan conquistou americanos de todos os níveis com um grito essencial de "forte defesa e menos governo". E a mensagem do ex-CEO da Netscape, Jim Barksdale, não podia ser mais clara: "Netscape everywhere" (Netscape em todo lugar).

> *Quer você esteja no lado da compra ou da venda, o sucesso depende de uma capacidade de influenciar as pessoas por meio de uma explicação clara e coerente. Há muitos produtos e instrumentos financeiros fracassados que poderiam ter sido um sucesso — se tivessem sido lançados adequadamente e comercializado de maneira persuasiva.*
> BRIAN M. SULLIVAN, EX-PRESIDENTE
> SULLIVAN & COMPANY

Os consultores avaliam a capacidade que um executivo tem de transmitir mensagens simples ao comparar o que você diz com o tempo que demora para dizer. Segundo o consultor Jeffrey Christian, que trabalha basicamente no nível de CEO: "A essência da liderança é a capacidade de transmitir uma mensagem com energia". Isso significa uma capacidade para descrever suas realizações e seu valor por meio de uma história altamente concisa, convincente e interessante — e não de um amontoado de detalhes. Significa usar linguagem simples, não técnica, que os funcionários de todos os níveis entendam. Em uma entrevista com um consultor, significa reduzir filosofias, estratégias e táticas a afirmações breves que simplifiquem a tarefa do consultor de apresentá-lo ao cliente dele de um modo fácil de digerir.

Um candidato, vice-presidente sênior de produção em uma importante indústria química, estava na lista para o cargo de CEO em uma empresa menor, que estava à procura de alguém com experiência em empresas grandes e habilidades para gerenciar. "Tinha uma formação fabulosa, mas tinha dificuldade para descrever o que fazia sem usar terminologia científica complicada", diz o consultor. "Não conseguia ser objetivo, e não falou sobre as necessidades dos clientes da empresa — externos e internos. E não conseguiu expressar seus objetivos de carreira em poucas palavras."

HABILIDADES INTERPESSOAIS

Em uma pesquisa para encontrar o presidente de divisão de uma empresa citada entre as 500 melhores pela *Fortune*, o primeiro candidato tinha MBA de Stanford e 12 anos de atividades com responsabilidades progressivas em duas empresas. O candidato número dois entrou para uma grande empresa de consultoria logo depois de receber seu MBA de Harvard, voltou a trabalhar na direção como principal estrategista de uma grande empresa durante três anos e retornou para consultoria. Ele se tornou sócio depois de oito anos. "Ambos eram altamente qualificados para assumir o cargo e tinham credenciais excepcionais", diz o consultor. "Mas, quando os entrevistei, não houve comparação. Pelo que falou e pela maneira como falou, o primeiro candidato tinha mais habilidades interpessoais. Ele sorria e se esforçava em parecer interessado. Perguntou qual era o impacto que a estratégia do meu cliente estava tendo sobre as pessoas. Queria discutir como o cliente via os aprimoramentos tecnológicos que poderiam acelerar seu processo de produção. E usou humor para destacar as inconsistências nas estratégias de marketing de meu cliente."

Por outro lado, o candidato número dois foi arrogante e rude. "Tirou uma lista escrita dos problemas que meu cliente apresentava e foi seguindo-a, linha por linha, para discutir como eles esperavam que ele resolvesse o problema. Embora tivesse feito uma boa entrevista, estava claro que ele achava que estava me fazendo um favor."

Se você já é extremamente brilhante, não precisa se dedicar à sua acuidade intelectual. Precisa desenvolver sua sensibilidade humana e melhorar suas habilidades interpessoais o máximo que puder.

GERRY ROCHE, *CHAIRMAN*, HEIDRICK & STRUGGLES

As habilidades interpessoais são uma pista importante para os consultores e, sem elas, poucos executivos têm a capacidade de influenciar ou de convencer os outros sobre seus pontos de vista. Como as hierarquias corporativas têm caído, até os intelectuais brilhantes devem solicitar ajuda de outros e trabalhar em equipe. Devem aprender como convencer, ouvir, exercitar a paciência e o controle, ser simpáticos e solidários e se recuperar das dificuldades emocionais comuns ao dar e receber entre membros de grupos. Muitos consultores têm visto executivos com excelentes conhecimentos técnicos que negligenciaram suas habilidades interpessoais e sofreram as conseqüências. Não importa o quanto sejam brilhantes, geralmente são passados para trás ou até mesmo despedidos por um antigo antagonista que não suporta tê-los por perto. Embora as habilidades interpessoais sejam claramente essenciais aos CEOs e a outros executivos de alto nível, elas são cada vez mais essenciais para qualquer um que gerencie outras pessoas e deseje fazer isso bem. E é extremamente importante demonstrar suas habilidades interpessoais quando você está conversando com um consultor.

De acordo com os consultores, não é possível ser um executivo carismático sem aperfeiçoar suas habilidades interpessoais. Finanças, contabilidade e tecnologia de informação — quase qualquer tipo de habilidade intelectual — podem ser ensinadas, por um preço. As habilidades interpessoais, entretanto, são, em grande parte, desenvolvidas pelo próprio indivíduo, e muitas pessoas inteligentes e bem-sucedidas se esquecem de fazer esse auto-aprendizado. O consultor Christian diz que procura a capacidade de criar uma ligação emocional entre pessoas e idéias.

Os consultores dizem que os executivos carismáticos demonstram suas habilidades interpessoais em quatro áreas básicas: empatia, desenvolver os outros, orientação para o cliente e astúcia política.

EMPATIA

Os executivos carismáticos estão atentos a pistas emocionais e ouvem bem. Mostram sensibilidade e entendem as opiniões alheias. Oferecem ajuda com base na compreensão das necessidades e dos sentimentos das pessoas.

> *Os executivos com perfil de líder são gentis com pessoas de todos os níveis. Não importa o quanto são poderosos ou as altas posições que ocupam, eles ouvem mesmo que tenham 30 coisas mais importantes em que pensar.*
> DAYTON OGDEN, EX-PRESIDENTE, SPENCER STUART

Durante uma seleção para preencher um cargo de presidente de uma divisão em um grande fabricante de bens de consumo, um consultor ficou entusiasmado ao encontrar um candidato que parecia ter qualificações excelentes para o cargo. "Era uma atribuição problemática, porque estava claro que a empresa cliente teria de fazer um *downsizing* ou uma reestruturação nos próximos dois anos para manter sua competitividade", diz o consultor. A empresa queria contratar um *outsider* para fazer essa tarefa ingrata — e estava esperando encontrar alguém que tivesse conduzido uma reestruturação de maneira humana.

Um candidato tinha a formação "procurada" e era respeitado em seu campo. Impressionou o consultor com sua postura e sua habilidade de conversar. "Ficou claro que ele estava acostumado a exercer cargos em nível de CEO e seria capaz de lidar com problemas com facilidade, tato e firmeza", disse o consultor. "Mas o sujeito era só cabeça. Falou longamente sobre como a reestruturação que fizera reduziu os excessos e aprimorou a produtividade, mas não mencionou nem uma vez como isso influenciou as vidas das 400 pessoas que foram despedidas. E, quando verificamos as referências, soubemos que ele era conhecido por ser linha dura, alguém que era cruel com os funcionários." Embora as habilidades técnicas do candidato fossem superiores, o consultor não tinha como recomendá-lo para o cargo e ficar com a consciência limpa.

DESENVOLVER OS OUTROS

Os executivos carismáticos colocam alta prioridade em reconhecer e recompensar os pontos fortes e fracos das pessoas. Eles valorizam dar e receber *feedback* sobre necessidades de crescimento e aprimoramento. Além disso, estão comprometidos em orientar ou treinar outras pessoas e dar-lhes atribuições que desafiem e estimulem suas qualificações. Embora os executivos carismáticos nem sempre passem um tempo extenso treinando e orientando os funcionários, eles são hábeis em aconselhar seus subordinados diretos e em dividir seus próprios sentimentos.

Uma investidora de porte médio estava procurando um sócio-gerente para fazer novas fusões e aquisições e expandir os serviços da empresa. A investidora não queria uma prima-dona que conduzisse tudo sozinho e saísse depois de alguns anos. Em vez disso, estava procurando alguém capaz de criar uma operação que prosperasse mesmo se ele saísse. "O escolhido teria de desenvolver outros talentos, de dentro e de fora da empresa, e moldar suas habilidades e sua capacidade de desenvolver clientes", diz o consultor. "Encontramos muitos candidatos interessados e brilhantes, que teriam cumprido a primeira parte das atribuições — iniciar uma unidade de M&A. Mas penamos muito para encontrar alguém que fosse um excelente líder de equipe, disposto a dedicar tempo para contratar, dar *feedback* e incentivar os outros a seguir seus passos."

ORIENTAÇÃO PARA O CLIENTE

Os executivos carismáticos entendem as necessidades dos clientes e as associam aos serviços e produtos de sua empresa. Procuram maneiras de aumentar a satisfação e a fidelidade do cliente. São capazes de captar o ponto de vista do cliente. "A maioria dos CEOs bem-sucedidos passa uma grande parte de seu tempo trabalhando com clientes ou pensando neles", diz Orit Gadiesh, presidente de uma gigante da consultoria empresarial, a Bain & Company. "Tento pensar constantemente: 'Se eu fosse o cliente, como me sentiria com isso?'".

Avaliação do Consultor: Carisma

O QUE AJUDA

    Intensidade

    Iniciativa

    Determinação

    Simplificar e exagerar

    Focalizar o futuro

    Gráficos em uma única página

O QUE PREJUDICA

    Focalizar detalhes

    Relatórios de 40 páginas

    Discursos de 60 minutos

E NUNCA...

    Tente convencer alguém por meio de argumentos lógicos

15
ADEQUAÇÃO À CULTURA

Quer você seja o CEO ou um dos cem vice-presidentes assistentes, não terá sucesso se não seguir as regras. Mesmo que sua incumbência seja mudar as regras, você tem de mudá-las seguindo as regras do jogo atuais.

As empresas costumam contratar alguém de fora, que seja "novo e diferente" para promover sua posição no mercado ou estimular uma operação em sérias dificuldades. Mas mesmo gerentes brilhantes podem fracassar se atingirem seus objetivos por meio da destruição da cultura da organização. Um consultor lembra-se de um grande banco cliente que queria combinar as 14 unidades de marketing da organização e formar um grupo corporativo chefiado por um vice-presidente sênior. "O objetivo deles era dar certa consistência às atividades de marketing do banco e usar seu poder de compra coletivo para reduzir as despesas com propaganda e com promoção de vendas", diz o consultor.

O consultor e seu cliente concluíram que ninguém dentro do banco tinha a ampla perspectiva e a "presença na diretoria" necessárias para trabalhar com o presidente e amarrar todos os programas de marketing conduzidos pelas linhas de negócio. Em vez disso, o presidente de uma prestigiada agência de propaganda, que tinha feito um extenso trabalho para várias unidades do banco, foi contratado como vice-presidente sênior de marketing. "Ele foi reprovado em menos de seis meses", diz o consultor. "Apesar de ter experiência e adotar aquela visão, seu estilo para atingir resultados não funcionou dentro da estrutura organizacional do banco, que tinha regras estabelecidas em toda parte. Sem autoridade direta sobre ninguém, ele não tinha a força política necessária para convencer cada unidade de que o trabalho de marketing coordenado por ele era o melhor para elas. Não conseguia fazer nenhuma das linhas de negócio seguir um tema único de marketing e sincronizar seus esforços de marketing." De acordo com o consultor, o banco abandonou a idéia de centralizar o marketing.

Os *outsiders* muitas vezes podem levar a experiência, os contatos ou o *know-how* administrativos necessários, que levariam anos para ser desenvolvidos internamente. Mas os consultores sabem que executivos "importados" não realizarão muito se não aceitarem os padrões culturais indeléveis da organização. É por isso que procuram executivos com uma boa adequação à cultura da empresa cliente, que tenham os mesmos valores, comportamentos organizacionais e atitudes que o futuro empregador sobre a mudança.

As questões culturais têm sido responsáveis pelo fracasso ou pela dissolução de inúmeras alianças de alto nível, como o importante acordo de desenvolvimento de software da BellSouth com a Oracle Corp. e a fusão colossal entre a TCI e a Bell Atlantic. Da mesma forma, o atrito cultural pode minar a capacidade de um novo executivo de ter um impacto.

Basicamente, a cultura corporativa é "como fazemos as coisas por aqui", e novos executivos, seja um CEO ou um dos cem vice-presidentes assistentes, não serão bem-sucedidos se não seguirem as regras do jogo. Mesmo que suas atribuições sejam mudar as regras do jogo, não terão sucesso se não seguirem as regras vigentes.

> *Muitos consultores tentam tomar decisões abstratas sobre o estilo gerencial de um candidato, sua cultura, suas habilidades interpessoais, seu desempenho e sua adequação. A questão importante é: o que o cliente pensa?*
> DICK CRONIN, EX-PRESIDENTE,
> HODGE-CRONIN & ASSOCIATES, INC.

O tamanho da empresa desempenha um papel importante em sua cultura. De acordo com o consultor John Martin, da J3, uma empresa de Dallas, as pequenas empresas estão focalizadas em vender seus produtos e em sobreviver, e são altamente resistentes à cultura com forte comando de cima, típica das grandes empresas. "A maioria das empresas pequenas e iniciantes não acredita em posições de comando. Não querem trazer alguém da Hewlett-Packard porque as pessoas que trabalham lá têm outra mentalidade."

Um executivo acostumado aos vários níveis gerenciais e a muito pessoal provavelmente se sentiria constrangido com a abordagem prática do tipo "faça você mesmo", típica das empresas menores, de acordo com Martin.

A adequação à cultura da diretoria da organização e do gerente de contratação também é fundamental. Os executivos contratam pessoas de acordo com sua própria imagem, e é mais provável que ofereçam um emprego a alguém com experiência, formação acadêmica e estilo de vida semelhantes — para não mencionar o mesmo grêmio ou associação. Para o candidato astuto, essas realidades exigem uma pesquisa profunda sobre a empresa, antes da entrevista com o consultor. Um pouco de conhecimento sobre a cultura de uma organização e o estilo gerencial de seus principais gerentes pode ajudá-lo a se apresentar de maneira mais eficiente.

DETERMINANDO A ADEQUAÇÃO À CULTURA

Os consultores dizem que os candidatos que seguem três regras básicas têm mais probabilidade de selecionar uma cultura que combine melhor com seus talentos e capacidades específicos.

Reconhecer diferenças culturais. Encontrar um candidato cujo currículo se encaixe em uma empresa é fácil, se compararmos essa tarefa àquela que envolve traçar sua formação cultural e seus estilos gerenciais. Frisar as questões culturais nos primeiros estágios de uma seleção pode permitir ao candidato, ao consultor e à empresa interromper o processo amigavelmente.

Comparar culturas. Embora a seleção entre setores esteja aumentando, o sucesso de um executivo em um setor não garante o sucesso em outro. Se você está pensando em mudar para fora de seu setor atual, compare cuidadosamente seu estilo gerencial, seus hábitos para tomar decisões, sua abordagem de comunicação e suas necessidades de suporte administrativo com os da empresa que o está selecionando.

Procurar uma liderança culturalmente diversa. Os executivos que se saem bem em diferentes ambientes — como Leo Mullin, da Delta — costumam estar dispostos a aceitar talentos gerenciais de fora do setor.

ESTILO GERENCIAL

O estilo gerencial é, provavelmente, o aspecto mais importante da adequação à cultura. Não é um nome bonito para se referir à personalidade. Poucos consultores acreditam que o estilo gerencial seja uma questão de personalidade, e poucos acreditam que você tenha de "nascer com ele". A personalidade é um fator da liderança eficaz, mas muitas vezes não é decisivo. De acordo com Carol Hymowitz, que escreve regularmente sobre liderança para o *The Wall Street Journal*, os líderes não partilham uma personalidade específica. Pesquisas recentes sugerem que a liderança não é tão influenciada pelas características internas de alguém, mas pelas exigências externas. Alguns executivos são imparciais e bem-humorados; outros são temperamentais e abrasivos. No entanto, as personalidades de todos os tipos podem motivar aqueles que os seguem a assumir riscos e a fazer mais do que pensaram ser possível.

Nas empresas mais bem-sucedidas, o CEO examina detalhadamente a situação do negócio, determina o que a organização requer de seu líder e escolhe a abordagem à liderança que melhor se encaixa a esses requisitos. Às vezes, a abordagem se encaixa com a personalidade do CEO; às vezes, não. Alguns líderes muito bons reprimem certos traços de personalidade ou desenvolvem aqueles que não lhe são inatos, a fim de dirigir suas organizações com eficácia.

Uma solicitação de seleção apresenta um desafio semelhante. Os candidatos mais bem-sucedidos pesquisam o estilo gerencial da empresa que quer contratá-los. Quando se reúnem com um consultor, demonstram atributos e realizações que combinam com o estilo gerencial da empresa e suprimem fatores de personalidade que podem entrar em conflito.

Embora toda empresa apresente uma diversidade de estilos gerenciais, a maioria das organizações bem-sucedidas se encaixa em uma das seis abordagens básicas, de acordo com uma pesquisa da Bain & Company, Inc.:

Gerenciamento estrutural. Toda empresa tem controles de procedimentos, financeiros e culturais aos quais os membros da organização devem obedecer. Os estruturadores vêem essas tarefas como sua responsabilidade básica. As pesquisas mostram que essa abordagem ocorre mais freqüentemente em setores altamente regulados, como serviços bancários, ou em setores em que a segurança é uma preocupação primordial, como as empresas de aviação, nas quais praticamente não há margem para erro — uma realidade que transforma o projeto e a aplicação de controles estritos na mais alta prioridade administrativa. Como ser humano, Richard Rosenberg, do BankAmerica, é tranqüilo, flexível e acessível. O estilo gerencial que colocou em prática no BankAmerica é perfeitamente estruturado, fortemente controlado por regras e regulamentos, altamente regulado. Rosenberg tem sido citado assim: "Eu me adapto muito melhor com o pessoal de marketing, mas o BankAmerica deve ter um conjunto estrito de controles em função de seus clientes".

As *empresas estratégicas* traçam sua trajetória estratégica de curto e de longo prazos reunindo grandes quantidades de dados. Por exemplo, a Dell Computer, que monta computadores pessoais, treinou funcionários especialmente para atender diariamente 50 mil telefonemas de clientes e organiza seus comentários para distribuí-los aos gerentes. O *chairman* Michael Dell diz que a idéia é sensibilizar toda a organização em relação ao cliente. "Queremos fazer todos literalmente ouvirem a voz do cliente e a frustração quando fazemos algo que dificulta o uso de nossos produtos." Os telefonemas de clientes também são usados para estimular idéias de novos produtos e serviços.

Os *gerentes de capital humano* transmitem e demonstram o que querem diretamente. Suas agendas de viagem concorrem com as de um secretário de Estado ou de um ministro das Relações Exteriores, sendo que 90% de seu tempo é gasto fora do escritório. "As pessoas sempre me perguntam: 'Por que você passa tanto tempo viajando?' A resposta é muito simples", diz Al Zeien, ex-CEO da Gillette, a empresa de produtos para cuidados pessoais com 34 mil funcionários no mundo todo. "Viajo para onde as pessoas estão. Viajo porque quero ter certeza de que os indivíduos que estão tomando decisões, digamos, na Argentina, têm a mesma base de referência que eu para a empresa. Quero me certificar de que estão todos usando as mesmas regras básicas que eu usaria. Quero ver se têm os mesmos objetivos. Viajo porque só se pode constatar esse tipo de coisa no local."

As empresas de capital humano tendem a focalizar a contratação e o treinamento. Wayne Calloway, ex-CEO da Pepsico, como muitos outros presidentes de empresas de capital humano, também monitora ocasionalmente a contratação em níveis mais baixos da organização. Da mesma forma, Herb Kelleher, da Southwest Airlines, diz que participou da seleção de agentes de rampa em pequenos aeroportos regionais. A contratação, explica ele, é "onde tudo começa. É a nascente do rio, e, se você a polui, ela gradualmente poluirá todo o fluxo abaixo". Falando em termos mais gerais sobre sua abordagem à liderança, Kelleher ecoa outro tema valorizado entre os CEOs de capital humano: "Contratamos atitudes grandiosas, e ensinaremos a eles qualquer funcionalidade de que precisem".

Embora a maioria das empresas de capital humano tenda a valorizar os funcionários que exibem valores previsíveis "pregados" pela empresa, como honestidade e fidelidade à empresa, elas também acreditam na transferência de poder. Podem e dão autoridade a membros da organização para agirem de maneira rápida e livre, sem aprovação da empresa, mas somente àqueles que estejam em conformidade com a maneira da empresa de fazer as coisas.

Uma parte pequena, mas específica das empresas estimula o *gerenciamento pela especialização*, que se baseia em selecionar, cultivar e disseminar uma especialização competitiva para cima, para baixo e em todas as unidades de negócio da organização. As empresas que priorizam a especialização trabalham para criar uma capacidade específica que permita que a organização se diferencie de seus concorrentes e mantenha uma posição de vantagem sustentável. A especialização pode ser um pacote de idéias e técnicas, como o foco na relação marca-consumidor que caracterizou a liderança de Charlotte Beers, ex-CEO da Ogilvy & Mather, agência internacional de propaganda. A especialização também pode ser um conceito. Na Motorola, o compromisso do ex- CEO Robert Galvin com a qualidade impecável definia o trabalho do escritório corporativo. Gerentes voltados para a especialização focalizam a definição de políticas corporativas que fortalecerão as competências de suas organizações. Galvin saía de reuniões sobre o desempenho de uma unidade de negócio, depois de discutir dados sobre a qualidade, demonstrando claramente que, para ele, a qualidade era a competência singular da empresa e sua preocupação número um.

Empresas agentes de mudança muitas vezes combinam a formação de consenso com outra técnica, um pouco contraditória: demonstrações públicas e dramáticas ocasionais do forte apoio da alta gerência a novas maneiras de fazer negócios. Na Tenneco, a ex-CEO Dana Mead estabelecia objetivos financeiros praticamente inatingíveis para as unidades de negócio e realmente os incorporava ao orçamento. Ela pedia aos cinco CEOs de divisão da Tenneco para fazerem apresentações mensais sobre seu desempenho em relação a esses objetivos em um fórum aberto. "A pressão que isso gera é incrível, e funciona", observa ela.

Os agentes de mudança distinguem-se por seu entusiasmo com indivíduos que freqüentemente não são bem-vindos em outras organizações. Tendem a valorizar tipos recalcitrantes, encrenqueiros ou irritantes. Debra Germaine, que recruta muito no setor de alta tecnologia como sócia da Fenwick Partners/Heidrick & Struggles, afirma: "Os clientes às vezes pedem um candidato que seja um 'rebelde' da Hewlett-Packard. O que eles querem é alguém que não se renda à hierarquia corporativa, alguém que desafie o *status quo*. Embora sejam um risco, esses 'espíritos irreverentes' muitas vezes podem desenvolver projetos interessantes e apresentar resultados excepcionais".

Os executivos que aceitam o papel de agentes de mudança assumem talvez a mais exigente e assustadora das seis abordagens gerenciais, de acordo com pesquisadores, porque a mudança quase sempre é acompanhada de controvérsia, mal-estar e resistência. O consultor Don Clark conta sobre a seleção de um executivo para um cargo de diretoria em uma austera organização de serviços financeiros. Seu candidato era um executivo respeitado de outro setor que havia enfrentado muitas das pressões de mercado que, naquele momento, estavam atingindo o setor bancário. "Ao contrário de muitos *outsiders*, ele não se desanimou com o setor bancário. Entretanto, não acreditava que o banco desejasse mudar", diz Clark. "Quis saber como sua cultura funcionava. A maioria de suas perguntas se concentrou na abertura da organização a mudanças importantes. Ele queria ter certeza de que teria acesso, informação e capacidade de tomar decisões, e que o banco estava sinceramente interessado em mudar."

As *empresas tradicionais* são uma raça em extinção, mas ainda existem em alguns setores e áreas dos Estados Unidos. Embasadas na pirâmide organizacional, são conduzidas por executivos que passaram suas carreiras em uma indústria, freqüentemente siderúrgica, metalúrgica ou automobilística, ou em grandes instituições financeiras, particularmente em serviços comerciais bancários. Esses executivos fizeram carreira, ganhando mais *staff* de apoio a cada promoção. Embora geralmente tenham telefones móveis, muitas vezes não usam computador porque "não sabem digitar". Se têm computador, pedem para uma secretária imprimir seus e-mails. A comunicação com os funcionários não costuma ser prioridade para esses executivos, que se concentram basicamente em seu chefe e na diretoria. Embora os gerentes tradicionais possam gostar da cultura de "promover ou demitir" de uma indústria típica, por exemplo, provavelmente teriam dificuldade para se ajustar ao clima descentralizado, orientado para equipes, de uma empresa de software ou de uma organização de serviços.

ENTRANDO EM UMA NOVA CULTURA

As carreiras verticais — aquelas que começam e terminam no mesmo setor — ainda são a norma para a maioria dos gerentes. Mas, como Lou Gerstner, Bruce Harreld e outros altos executivos que mudaram de setor e fazem seu nome fora da empresa "mãe", os empregadores de hoje estão, cada vez mais, procurando talentos profissionais fora de seu setor, recrutando candidatos que, em outros tempos, seriam considerados instáveis por "pularem" toda hora de emprego.

Os *headhunters* dizem que os candidatos ideais para cargos de gerenciamento geral em organizações grandes ou de porte médio têm passado por várias empresas, nos Estados Unidos e no exterior, demonstrando uma mobilidade ascendente em várias áreas. Quem são os candidatos promovidos mais rápido? "Aqueles que ficam de três a quatro anos em diferentes áreas funcionais e empresas", diz o consultor Chip McCreary, da Austin-McGregor International. E quem tem mais dificuldade para ascender? "Aqueles que serviram em uma função ou empresa durante muito tempo", acrescenta ele.

Às vezes, uma transferência parece inadequada. Quando Peter Larson, alto executivo de marketing da Johnson & Johnson, mudou de remédios para dor de cabeça para bolas de boliche depois que a Brunswick Corporation, fabricante de artigos esportivos, o selecionou como CEO, o empresariado americano se surpreendeu. Mas, nos últimos anos, Larson ajudou a Brunswick a aumentar sua capitalização de mercado em quase US$ 2 bilhões, e seus lucros brutos em 25%.(Larson já deixou o cargo.)

Várias tendências criaram um clima ideal para se fazer carreira pelo método ziguezague:

Crescimento econômico. O atual mercado de emprego é o melhor há pelo menos uma geração: para profissionais e gerentes, a taxa de desemprego é de menos de 2% nos Estados Unidos. Ao mesmo tempo, as empresas que fizeram *downsizing* do nível administrativo intermediário durante a época da reengenharia enfrentam a falta de executivos em condições de ser promovidos. Embora a maioria das organizações prefira líderes que combinem especialização funcional e especialização setorial, a escassez de talentos disponíveis as força a contratar candidatos com formações não ortodoxas.

A *desregulamentação* é um pára-raios de transferências funcionais. Os gerentes do setor de transportes, um dos primeiros a se desregulamentar, se mudaram com sucesso para as empresas de telecomunicações e outras empresas que estão entrando no setor privado. Depois de ajudar a Conrail no processo de desregulamentação, no final da década de 70, seu vice-presidente de planejamento estratégico, Leo Mullin, assumiu como *chairman* e CEO do American National Bank de 1991 a 1993, e levou o First Chicago a uma posição destacada em serviços bancários comerciais de 1993 a 1995, como presidente e diretor operacional. Depois de dois anos como vice-*chairman* da Unicom Corporation, uma empresa de serviços de utilidade pública em Chicago, Mullin voltou aos transportes em 1997, como presidente e CEO da Delta Airlines.

A *convergência das empresas de serviços e das indústrias* faz da mudança de carreira uma conseqüência lógica. À medida que os fabricantes se concentram cada vez mais em negócios com alta margem de lucro, os líderes com conhecimentos de marketing podem ajudar a posicionar e a promover novos *mixes* de produtos/serviços. Os melhores gerentes freqüentemente vêm de empresas dos produtos de consumo, em que o marketing é uma ciência. Lou Gerstner, que dirigiu a RJR, uma gigante de produtos de consumo, levou conhecimentos específicos de marketing e uma nova perspectiva — muito necessária — para a IBM, uma gigante no setor de computadores que estava em má situação e que agora está focalizando a parte de serviços de seus negócios.

> *Como regra geral, a experiência interfuncional deve ser feita o mais cedo possível na carreira do executivo, uma vez que existem mais oportunidades perto da base da hierarquia corporativa.*
> HOBSON BROWN JR., PRESIDENTE E CEO,
> RUSSELL REYNOLDS ASSOCIATES

O *movimento retroativo da reengenharia*. A mensagem que as empresas pregaram na última década — de acabar com o emprego vitalício, estimular habilidades transferíveis e auto-aprendidas — estimulou a mudança de carreira e as transferências entre setores. Um estudo de 1998 feito pela Aon Consulting, especialista em questões de recursos humanos, mostra que mais da metade dos trabalhadores americanos sai de seus empregos por um aumento de 20% ou menos. "Os trabalhadores de hoje se tornaram móveis e assertivos", disse o Dr. David Stum, presidente da Aon. "Eles estão dizendo: 'Tenho uma oferta em outra empresa. Não é nada pessoal. É trabalho'." E os especialistas aconselham gerentes ambiciosos a usar seus empregadores atuais como trampolins de carreira. John Humphrey, CEO da Forum Corp., agência de consultores de desenvolvimento de gerentes com sede em Boston, recomenda que os executivos trabalhem para empresas nas quais vejam a oportunidade de construir habilidades que possam levar consigo para o próximo emprego.

EVITANDO O CHOQUE CULTURAL

Os consultores de seleção de executivos não estariam nesse ramo se não acreditassem que se pode progredir por meio do método do ziguezague. Mas isso envolve inevitavelmente um certo choque cultural, particularmente no alto nível gerencial. Os *headhunters* aconselham candidatos a se lembrarem de várias realidades:

Cargos de marketing e de finanças são os que se transferem melhor. Qualquer cargo que tenha um impacto direto no resultado financeiro é transferido com mais facilidade que cargos de produção, manufatura ou *staff*. Bruce

Harreld, ex-presidente da Boston Chicken, entrou na IBM como principal estrategista, em 1995. Um gênio de marketing que posicionou a cadeia de restaurante como metáfora americana para pratos de alta qualidade para viagem, Harreld revitalizou a posição de mercado da IBM. Da mesma forma, uma formação em finanças é facilmente transferível entre organizações com muito capital, em que investimentos pesados em equipamentos, experiência em mercados de capital e controles financeiros podem afetar significativamente a lucratividade. A maioria das linhas aéreas, manufaturas e indústrias químicas tem grandes departamentos de finanças e é chefiada por ex-diretores financeiros.

Ter bons conhecimentos em tecnologia é excelente — se você não for apenas um técnico. Gerentes de tecnologia que podem demonstrar uma real sagacidade nos negócios e entender como os sistemas podem ajudar suas empresas a gerar receitas podem ingressar no gerenciamento geral. Mike Armstrong, que foi *chairman* e CEO na Hughes Electronics, fez uma transição bem-sucedida de uma empresa dominada pela engenharia para o setor das telecomunicações, orientado para o consumidor, como *chairman* e CEO na AT&T.

É possível transferir funções clássicas de staff. Comunicações, recursos humanos e outras funções de *staff* podem transitar entre linhas industriais — mas principalmente em níveis muito altos, em que estabelecer uma estrutura funcional ou revisar o processo é mais crucial que o conhecimento de conteúdo específico. Sandra Allen, ex-diretora de comunicações da Commonwealth Edison, em Chicago, foi contratada como chefe de comunicações corporativas da Associates Corporation, uma empresa de serviços financeiros de US$ 60 bilhões, com sede em Dallas.

A consultoria pode proporcionar uma fase de transição de carreira. "Se você é um executivo de *staff* sem perspectivas de ascender na hierarquia, pense em uma atividade como gerador de receita em uma empresa de consultoria", diz Jodi Holden, gerente nacional de *staff* da divisão de consultoria da Peat Marwick KPMG. "Mais de 90% das pessoas que contratamos no último ano tinham mudado no meio da carreira procurando uma maneira rápida de chegar ao nível gerencial geral." Lou Gerstner (IBM), Harvey Golub (American Express) e Michael Jordan (CBS), todos alunos de importantes empresas de consultoria empresarial, ocupam os escritórios de executivos de corporações americanas porque estão acostumados a trabalhar lá. Cruelmente treinados para ver o todo, os consultores ganham visibilidade trabalhando com a alta gerência e constroem um registro profissional de ter gerenciado pessoas, projetos e orçamentos.

Estabeleça credibilidade funcional em um ambiente corporativo convencional. Não há nada que substitua dois a quatro anos de formação de credenciais em uma empresa "das mais admiradas" ou citada pela *Fortune* entre as 500 melhores empresas, dizem os consultores e aqueles que mudam de carreira. Um período de três a quatro anos em uma grande organização pode fornecer acesso a um amplo espectro de oportunidades de carreira.

Dave Holmes, ex-CEO da Reynolds & Reynolds, um produtor de formas de negócio e sistemas informatizados para revendedoras de automóveis em Dayton, Ohio, foi contratado pela sua experiência em marketing, adquirida na General Electric e na General Foods, onde lançou o Shake 'n Bake. Um consultor lembra-se de uma sócia de uma empresa regional de consultoria empresarial que recebeu uma oferta para um cargo de executiva de marketing em um banco de Dallas por causa dos quatro anos que passara no Citibank, 12 anos antes.

Mude para empresas nas quais sua função seja uma habilidade essencial. Em empresas com muito capital, os executivos de finanças freqüentemente sobem ao comando. Em empresas de produtos de consumo, o marketing é fundamental. Em um número crescente de empresas americanas, a tecnologia é primordial. Persiga oportunidades de seleção em setores nos quais sua área de especialidade seja essencial.

Evite empresas nas quais todos vieram de outros setores. Os *outsiders* freqüentemente podem levar uma perspectiva nova aos desafios de uma empresa. Uma equipe gerencial, no entanto, precisa de especialistas no setor para proporcionar estabilidade e uma perspectiva realista. "Aqueles que se transferem para outro setor precisam ser confiantes o suficiente para saber que uma idéia funcionará antes de recomendá-la", diz B. Merle Gilmore, consultor de Wynnewood, Pensilvânia, que trabalhou nos setores de transportes, assistência médica e produtos de consumo. "Os *insiders* da indústria devem certificar que uma idéia nova vai dar certo em seu ambiente singular."

O tempo passa. Fique atento. Mude antes de ser pego pelo seu plano de aposentadoria ou antes de passar a "fazer sempre a mesma atividade" em sua empresa ou setor. "Geralmente, recomendamos que seus talentos sejam transplantados se você estiver em sua organização há mais de quatro anos sem uma promoção", diz o *headhunter* McCreary.

Avaliação do Consultor: Adequação à Cultura

O QUE AJUDA

    Consciência das questões culturais

    Capacidade de comparar/contrastar sua formação cultural

    Formação cultural e estilo gerencial semelhantes aos do cliente

O QUE PREJUDICA

    Falta de consciência das questões culturais

    Formação cultural e estilo gerencial divergentes

E NUNCA...

    Insista que a adequação à cultura não é importante

16

PERFIL DE LÍDER:

RICHARD H. BROWN, CEO,
ELETRONIC DATA SYSTEMS

O vigor personificado

Nomeado *chairman* e CEO da Electronic Data Systems (EDS), gigante de processamento de dados, Richard H. Brown* tem um estilo diferente de seus antecessores, H. Ross Perot e Les Alberthal. Primeiro *outsider* a assumir o posto mais alto na empresa em 36 anos de história, Brown foi levado para sacudir o lugar, de acordo com o *headhunter* Gerry Roche, que o recrutou da Cable & Wireless, em Londres. Com o desafio de fazer reviver o espírito entusiasta que Ross Perot havia criado na fundação da EDS, na década de 60, Brown recebeu a atribuição de erradicar a complacência e de fazer a empresa voltar a andar. "A diretoria está convencida de que ele será capaz de trazer de volta a energia do local", diz Roche. "Dick fez um trabalho excepcional na Cable & Wireless, onde a cultura estava ainda mais entrincheirada que na EDS."

---

* Richard H. Brown não está mais na EDS. (N. do E.)

ORDEM PARA MUDAR

A EDS, que já foi subsidiária da General Motors, é a segunda maior empresa de serviços de informática do mundo. A empresa administra grandes sistemas em mainframe e fornece uma série de serviços de informática e de terceirização de tecnologia de informação a 9 mil clientes, inclusive a Southland Corporation (proprietária da rede de lojas de conveniência 7-11), a fabricante de automóveis Saturn e a inglesa Rolls-Royce. Com mais de 119 mil funcionários no mundo todo, a EDS também é proprietária da A. T. Kearney, empresa bilionária de consultoria empresarial. Entretanto, a empresa tem visto concorrentes como a IBM e a Computer Sciences Corporation enfraquecerem seu *status* preeminente de empresa independente de serviços e gerenciamento de informática. Em 1998, a EDS assinou apenas um terço dos contratos de serviço que a IBM firmou, e seu faturamento cresceu menos da metade da média do setor. De acordo com Roche, a EDS considerou vários candidatos em sua seleção de um novo CEO depois que o *chairman* Les Alberthal anunciou sua aposentadoria, em 1998. "Dick não tinha apenas as credenciais para entrar no estádio. O que fez dele o principal jogador foram suas características pessoais — seu perfil de executivo e sua adequação."

UMA PREFERÊNCIA PELA AÇÃO

Embora Brown pareça ser um executivo-padrão da EDS — terno azul-marinho e camisa branca —, ele foi contratado claramente para revigorar a cultura morosa da empresa. Algumas semanas depois de se apresentar para o trabalho, em janeiro de 1999, Brown deixou claro que as coisas mudariam. "Gosto de ação", diz Brown, 51 anos, nascido em Nova Jersey, um profissional que atuou como *chairman* de uma das maiores empresas de telecomunicações da Inglaterra durante 29 meses. E, se ele repetir a tradição que iniciou na empresa anterior, fará muitas mudanças na EDS.

Com 28 anos de experiência no setor de telecomunicações, Brown é uma bola de fogo que sabe como sacudir uma empresa — e como fazer as pessoas se sentirem bem com isso. "Sua energia e animação são excepcionais", diz Roche. Depois de entrar na Cable & Wireless, em 1996, Brown mudou 65 dos 100 altos executivos da empresa para novos cargos em menos de dois anos. Outros 25 saíram. Brown assumiu um estilo agressivo na Cable & Wireless, adquirindo novas empresas, desfazendo-se de operações que estavam afundando e eliminando sua imagem de reminiscência da era colonial inglesa. De acordo com analistas financeiros, Brown deve aplicar o mesmo tônico à EDS. Com um olho para falhas estratégicas e uma capacidade comprovada de saná-las com aquisições coerentes, ele pode explorar a possibilidade de dividir partes da EDS para crescer a um ritmo mais rápido. Como diz Howard Anderson, ex-presidente do Yankee Group, uma empresa de pesquisa de mercado com sede em Boston: "Ele pode decidir que quer assumir mais riscos".

O acordo com a MCI WorldCom é fundamental na abordagem dinâmica de Brown para conseguir reerguer a empresa. A EDS e a MCI WorldCom vão permutar US$ 17 bilhões em ativos e 13 mil funcionários para negociar a terceirização de serviços de computador e de redes. A EDS também comprará a MCI Systemhouse, uma unidade de serviços de computador, por US$ 1,6 bilhão, e as duas empresas explorarão como perseguir conjuntamente novos negócios e captar importantes contratos de construção de redes e bancos de dados corporativos (a MCI WorldCom fornecerá o trabalho de rede, e a EDS, a integração entre dados e sistemas). A aliança, que deverá levar a ofertas de negócios eletrônicos como serviços de cobrança de utilidades públicas e serviços bancários pela Internet, abrirá as portas para novos clientes.

O DESAFIO DE UM *OUTSIDER*

Indicar alguém como Brown, conhecido por seus cortes de custos, é uma tática clássica usada por empresas que desejam uma grande mudança cultural. Um *outsider* — principalmente com um registro tão forte como o de Brown — é quase sempre mais eficiente que um *insider*, independentemente da qualificação deste, em termos de despertar clientes, funcionários e interessados na empresa. Brown reposicionou com sucesso a Cable & Wireless, a empresa número dois em telecomunicações da Inglaterra, como uma concorrente agressiva, ao mudar executivos de lugar, adquirir novas empresas e desfazer-se de operações que não queria mais. Para expandir o alcance internacional da empresa com 21 negócios avaliados em mais de US$ 20 bilhões, Brown comprou empresas na Austrália e no Panamá e adquiriu os negócios de Internet da MCI.

Antes, como CEO da Ameritech, ele conduziu uma reestruturação corporativa que organizou a empresa por produto, não por geografia. "A ação muda um negócio", diz Brown. "Estou procurando a resposta certa com rapidez." E ele cumpre o que diz. Em suas seis primeiras semanas na EDS, processou a Xerox, uma das maiores clientes da EDS, por violação de contrato; priorizou os serviços baseados na Internet; e finalizou a aliança com a MCI WorldCom para ter acesso à tecnologia de ponta para redes e fornecer novos produtos de *e-business*.

ESTILO CASEIRO

Como os outros executivos descritos neste livro, Brown não nasceu para a riqueza nem para o mundo dos negócios. Filho de um vendedor que se tornou professor de matemática do ensino médio, Brown teve uma infância comum e mostrou, desde cedo, propensão para trabalhar com pessoas, sendo presidente da associação estudantil da Ohio University. Começou a cultivar um estilo caseiro — alguns dizem do Centro-Oeste — desde o dia em que entrou no ramo de telecomunicações, em 1969. Embora seja o CEO de uma das maiores empresas de serviços do mundo, continua a se relacionar com pessoas de todos os níveis. No dia em que voou para Dallas para aceitar o cargo na EDS, Brown fez o motorista do carro alugado passar pelos bairros residenciais para ver casas e convidou-o para almoçar antes de tomar o vôo de volta. O motorista, que só mais tarde descobriu que havia almoçado com o *chairman* e CEO de uma das maiores empresas do mundo, ficou boquiaberto.

Com um quociente de perfil de líder tão alto quanto suas aspirações para a EDS, Brown certamente é um administrador diferente daqueles que a EDS costumava ter.

Aparência. Sem surpresas: ele parece um piloto de avião — alto, cabelos grisalhos e em boa forma física. Como a maioria dos CEOs, preocupa-se com sua aparência e com a maneira como os outros o vêem. Para uma foto sair no *Dallas Morning News*, ele questionou o fotógrafo quanto ao ângulo da máquina, a iluminação e a abertura do diafragma da câmera.

Postura. Brown é tranqüilo, alerta e preparado. Ao contrário de muitos executivos das telecomunicações, cujo estilo tende a ser rígido e inflexível, ele se adapta rapidamente a novos ambientes. Antes de assumir a direção da Cable & Wireless, nunca estivera na Inglaterra. Impressionou a empresa britânica com sua forte autoconfiança, ou com suas habilidades extraordinárias de atuação, dizendo-lhes: "Serei um bom estudante. Vou imergir desde cedo no negócio e me encontrarei com clientes, funcionários e investidores importantes". Brown sabe claramente o impacto cerimonial que pode ter como CEO da EDS. Ele sempre entra em contato com os clientes pessoalmente e por telefone.

Foco e energia. Um negociador muito rápido e que se descreve como viciado em trabalho, Brown é um chefe exigente, que pressiona os executivos a entrar em ação em vez de ficar ponderando idéias durante muito tempo. "Entendo o valor de um plano estratégico, mas muito freqüentemente as pessoas trabalham em uma estratégia para ter um quadro perfeito e falham na execução", diz ele. Como CEO da Cable & Wireless, seu impulso e determinação tipicamente americanos não hesitaram diante da tradicional reticência inglesa. "Ele não tinha medo de pressionar", diz um observador do setor de telecomunicações. "Ele infundiu a necessidade de desempenho em pontos em que não existia."

Intelecto. Não há dúvida de que Brown é intelectualmente qualificado para o cargo, dizem os consultores e observadores do setor. Capaz de aprender rápido, Brown compreendeu depressa o negócio da Cable & Wireless, e promete fazer o mesmo com a EDS. Embora falasse pouco em suas seis primeiras semanas como CEO, anunciou que queria conseguir mais contratos e reduzir as despesas. Planejou esboçar um programa para dar uma guinada na empresa em abril de 1999, menos de três meses após o início de suas atividades. E não valorizava qualificações intelectuais mais do que capacidades práticas. "Admiro a inteligência", diz Brown, "mas acho que o mundo tem mais pessoas inteligentes que pessoas eficazes."

Paixão. Diz Jim Ross, analista do ABN/AMRO: "Na Cable & Wireless, Brown foi um gerente inspirador. Estabelecia metas altas para as pessoas alcançarem e era visto com certo temor". Brown acha que uma abordagem gerencial corajosa e determinada é fundamental para alinhar os funcionários com a estratégia de uma empresa e a cultura desejada. Como a maioria dos executivos com personalidade forte, ele não é praticante do gerenciamento por comitê. "O consenso não é minha regra", diz ele. Também está convencido da necessidade de simplificar seus padrões. "Os líderes recebem o comportamento que toleram", diz ele.

Habilidades de comunicação. Até Brown chegar, os computadores da EDS eram incapazes de enviar uma mensagem a todos os funcionários. A profunda burocracia que se instalou quando milhares de funcionários foram contratados havia segmentado a empresa em dezenas de unidades estratégicas de negócio com sistemas de informática distintos. Uma das primeiras ações de Brown foi derrubar os canais de comunicações da cadeia de comando que impossibilitavam o funcionamento da empresa como uma unidade. Para divulgar suas prioridades, ele envia e-mails diretamente para todos os funcionários da EDS. E os funcionários se sentem à vontade para responder: desde janeiro, ele recebeu mais de mil e-mails — na maioria, palavras de incentivo e sugestões para melhorar a empresa. Brown também usa com habilidade os sinais não verbais. Depois de comentar enfaticamente sobre as despesas gerais com as imensas instalações da sede da empresa e a frota de aviões, ele está se desfazendo de dois dos seis jatos da empresa e de um dos dois helicópteros. Eliminou as vagas reservadas para executivos no estacionamento da EDS, dizendo que aqueles que quisessem estacionar perto do prédio deveriam chegar cedo para trabalhar.

Carisma. Em contraste com seu antecessor, Les Alberthal, um subordinado de Ross Perot que era visto por seus funcionários e clientes como distante, embora tecnicamente brilhante, Brown alcança agressivamente uma variedade de públicos — clientes, funcionários e acionistas — para ter *feedback*, insumo e idéias. Os observadores dizem que ele é otimista e extrovertido, desdobrando-se para fazer as pessoas se sentirem bem com suas decisões e irem em frente — ao contrário de alguns de seus colegas em outras grandes empresas de tecnologia. Brown tem a capacidade de se relacionar com diversas pessoas, e se entrosa bem com altos executivos e com operários da fábrica.

Brown traz um estilo íntimo a uma força de trabalho dessensibilizada pelos anos de discursos corporativos. Uma mensagem por e-mail a todos os 119 mil funcionários da EDS, em fevereiro, começava assim: "Bem, é manhã novamente. Pensei em vocês e achei que era hora de lhes enviar outra mensagem". Em sua primeira semana no cargo, Brown apareceu no meio da noite, sem ser anunciado, para conhecer os trabalhadores de um centro de operações de computadores. Essa aproximação pessoal era algo que há muito tempo os funcionários da EDS não viam. Brown espera que isso o ajude a transformar a burocracia que atrapalhou o crescimento da EDS em uma força de trabalho rápida e que entende seus clientes.

Adequação à cultura. Brown foi contratado porque se encaixa na cultura da futura EDS: agressiva, enxuta, decidida e orientada para a ação. O estilo gerencial de Brown, orientado para pessoas, contrasta marcantemente com o de Alberthal. "Do ponto de vista do estilo, Brown age como se fosse membro da equipe — e não o cara no comando", diz Paul McCartney, presidente da Technology Partners, uma empresa de seleção de executivos que está se especializando em recrutar executivos nas áreas de telecomunicações e alta tecnologia. "Ele percebe o quanto é importante se relacionar com os níveis inferiores de uma empresa, e também com os superiores."

Dick Brown

Formação acadêmica

Ohio University   Bacharel, Comunicações   1969

Experiência profissional

1999-2003	Electronic Data Systems – Plano, Texas *Chairman* e CEO	
1996-1998	Cable & Wireless – Londres CEO	

1995-1996	H&R Block – Kansas City, Mo. Presidente e CEO
1990-1995	Ameritech – Chicago Vice-*chairman*
1981-1990	United Telecommunications (depois Sprint) Vice-presidente executivo; diretor de informação e planejamento
1969-1981	Ohio Bell Gerente de divisão (último cargo assumido)

Conselhos administrativos

The Seagram Company

Pharmacia and Upjohn Inc.

17

PERFIL DE LÍDER NO MUNDO

A demanda por talentos gerenciais multiculturais e poliglotas que possam liderar empresas com operações globais está disparando. Às vezes, os americanos são os mais adequados para lidar com esse desafio.

A busca de um novo equilíbrio econômico criou uma série de novas oportunidades para executivos interessados em trabalhar no exterior. A unidade da Europa, a evolução das Europas central e oriental, o livre comércio na América do Norte e a expansão na América Latina e na orla do Pacífico estão transformando as relações entre os países. Ao mesmo tempo, essas forças apresentam novos desafios às empresas do mundo todo.

ESCOLHENDO O TALENTO GLOBAL

Desde 1992, quando o Mercado Comum Europeu foi dissolvido, o ritmo de recrutamento de executivos internacionais tem se acelerado muito, e a maioria das empresas de seleção de executivos tem conduzido os processos de seleções internacionais há uma década ou mais. À medida que se expandem globalmente, as empresas americanas buscam executivos para conduzir suas operações no exterior. Da mesma forma, empresas européias e asiáticas trabalham de perto com consultores de executivos para encontrar administradores para suas divisões americanas. E as maiores empresas multinacionais estão adotando uma abordagem do "melhor atleta" à liderança, procurando executivos talentosos no mundo todo.

Dirigir sua carreira no exterior, por exemplo, não é simplesmente uma questão de enviar seu currículo ou esperar que um consultor de executivos o chame. Freqüentemente, é difícil os americanos ingressarem em empresas estrangeiras porque a maioria dos países, principalmente na Europa, desestimula empresas locais de contratar estrangeiros para cargos dentro de seu país nativo. A não ser que você tenha sido enviado por uma empresa americana, é quase impossível obter permissão para trabalhar. Entretanto, se você pretende entrar em uma importante empresa americana e assumir um alto posto em Paris, entenda que uma das vítimas mais recentes da loucura da reengenharia podem ser os executivos americanos com aspirações de trabalhar fora.

Muitas empresas de seleção de executivos têm percebido uma mudança fundamental nas atitudes de seus clientes americanos em relação ao preenchimento de cargos no exterior. No final da década de 80, empresas que planejavam iniciar uma operação na Alemanha, por exemplo, simplesmente selecionavam um executivo de sua equipe gerencial americana e o enviavam — raramente enviavam uma mulher — para o exterior. Hoje, a abordagem é radicalmente diferente. As empresas querem contratar executivos locais. À medida que as empresas americanas aprimoraram sua forma de conduzir os negócios no exterior, perceberam que há diferenças culturais significativas entre Estados Unidos e Europa, Ásia ou América do Sul, e entre os países desses continentes. Aprenderam, muitas vezes a duras penas, que trabalhar no contexto cultural de cada país é essencial para o sucesso nos negócios.

MAIS DO QUE A SIMPLES ETIQUETA

Desde a unificação econômica da Europa Ocidental, há mais de 14 anos, os executivos americanos têm sido bombardeados com conselhos sobre como conduzir um negócio de sucesso em um mercado com 12 países, 360 milhões de consumidores e potencial significativo. A maioria desses conselhos, entretanto, tem focalizado aperto de mãos, a apresentação de cartões de visita e outras gentilezas da etiqueta estrangeira.

Para gerenciar com sucesso na Europa, entretanto, as empresas americanas e seus executivos precisam saber mais do que o protocolo. Há diferenças fundamentais entre empresas americanas e européias na estrutura corporativa, no estilo gerencial e nas leis trabalhistas. A não ser que os executivos americanos entendam essas diferenças, terão pouca chance de operar com sucesso no exterior.

Como resultado das tradições culturais e das disparidades econômicas/políticas, o estilo gerencial — a maneira como um executivo se relaciona com os funcionários e toma decisões — varia amplamente em toda a Europa. Ali, geralmente é verdade que, quanto mais você vai para o norte, mais participativo é o estilo gerencial. Diz-se freqüentemente que, na Suécia, os gerentes não dizem aos funcionários o que devem fazer; eles os convencem. E é mais fácil encontrar conselhos de funcionários e administração consensual na Alemanha e na Escandinávia que na Itália e na Espanha.

De acordo com o consultor Don Utroska, que tem conduzido inúmeros recrutamentos para o outro lado do Atlântico, a estrutura corporativa, geralmente regulada pela legislação pode influenciar imensamente o estilo gerencial de uma empresa. Na Alemanha, por exemplo, a estrutura gerencial é extremamente controlada pela lei. As corporações são dirigidas por comitês gerenciais (*Geschaftsleitung*) cujos membros fazem um rodízio da responsabilidade máxima pela tomada de decisões e têm claras linhas de comando para aceitar grupos de funcionários dentro da empresa.

Os executivos na Alemanha tendem a ter intenso treinamento técnico e muitas vezes diplomas de nível superior, principalmente em empresas relacionadas à engenharia. Utroska, ex-sócio da Chicago Dieckmann & Associates, de Chicago, diz que os gerentes alemães raramente saem de seu campo específico e assumem praticamente todos os cargos gerenciais das divisões ou grupos relevantes antes de chegar ao nível gerencial sênior.

Na França, a maioria das corporações é conduzida por uma única pessoa, com um único *president-directeur* (PDG), que assume as responsabilidades de *chairman* e CEO. Os PDGs freqüentemente são formados nas elitistas *grandes ecoles* (universidades técnicas) do país, e espera-se que sejam planejadores técnicos brilhantes e talentosos em suas relações com o setor, a comunidade financeira e o governo.

As habilidades interpessoais, entretanto, muitas vezes não fazem parte de seu portfólio. As empresas francesas costumam ter hierarquias gerenciais que desencorajam a informalidade e reforçam uma noção de "nós" e "eles", levando a difíceis relações trabalhistas — uma constante na França.

As empresas inglesas tendem a ser mais parecidas com as organizações americanas. Costumam ter um conselho administrativo que pode ser dirigido por um *chairman* que não exerce função operacional, enquanto as operações da empresa são administradas por um diretor administrativo ou CEO.

Os futuros gerentes são escolhidos desde cedo e passam por vários departamentos da empresa para terem uma visão ampla — mas nem sempre completa — das operações. Executivos ingleses de alto nível, entretanto, muitas vezes tendem a ser distantes e um pouco inacessíveis com os trabalhadores da empresa, de acordo com Utroska. Freqüentemente existe uma distância enorme entre a direção e os operários, uma possível reminiscência do sistema de classes inglês.

QUEM É A PESSOA CERTA PARA O CARGO?

Para motivar e gerenciar suas forças de trabalho no exterior, as empresas americanas consideram cada vez mais o perfil de líder na seleção de um executivo local adequado ou de um executivo americano expatriado para o posto. Entender a composição étnica da força de trabalho que será dirigida é crucial, porque certos estilos nacionais são mais compatíveis que outros. Os suecos, por exemplo, podem ficar frustrados com os executivos franceses que não acreditam na administração consensual. Alemães hierárquicos podem não se misturar bem com executivos italianos mais emocionais. Os executivos ingleses são respeitados por seus conhecimentos específicos nas áreas financeira e contábil, mas podem não ter a capacidade lingüística para funcionar com eficácia como gerentes gerais fora do Reino Unido. Em alguns casos, a melhor solução pode ser um americano com experiência administrativa internacional.

GERENTES GLOBAIS

Para aumentar a harmonia entre culturas nacionais, algumas empresas procuram gerentes globais que falem vários idiomas e sintam-se em casa em diversas culturas. Não surpreende que seja difícil encontrar esses indivíduos, a não ser nos níveis mais altos. Como alternativa, os executivos da Bélgica, Holanda ou Suíça são considerados boas "misturas".

Outras empresas buscam altos executivos americanos que tenham trabalhado para grandes empresas multinacionais americanas, pela sua experiência em dirigir empresas globais. Em uma jogada sem precedentes, a SwissAir indicou o executivo Jeff Katz, da American Airlines, como seu CEO (Katz já deixou o cargo). Katz é experiente em desregulamentação, processo que o setor europeu de aviação enfrentou nos anos 90. Dick Brown, executivo americano das telecomunicações, foi selecionado pela Cable & Wireless por sua experiência em *turnarounds*.

PRODUTIVIDADE *VERSUS* DIVERSÃO

Embora a padronização da moeda européia possa vir a se estender a outras áreas econômicas, manter um alto nível de produtividade em face das férias de funcionários e dos feriados é um desafio, mesmo para o gerente europeu mais experiente. Os funcionários costumam ter de quatro a seis semanas de férias, e há uma média de 12 feriados cívicos e religiosos por ano na maioria dos países europeus ocidentais. Mais horas paradas de funcionários resultam da *Kur*, uma licença adicional remunerada por motivo de saúde, com duração de sete a dez dias — algo comum entre funcionários de língua alemã.

Essas férias e feriados freqüentes, e o fato de ocorrerem em épocas diferentes em toda a Europa, podem frustrar as empresas americanas que estão acostumadas a um fluxo contínuo e consistente de negócios. Americanos voltados para a produtividade também podem ficar frustrados com os rituais de trabalho diários, comuns a toda a Europa.

Além de um intervalo para almoço de uma hora a uma hora e meia, e 15 minutos para arrumação da mesa no final do dia, os funcionários — desde operários da fábrica a secretárias e executivos — fazem intervalos de 20 minutos pela manhã e à tarde, freqüentemente regados a cerveja ou vinho. Como resultado, um dia de trabalho de nove horas costuma render apenas sete horas de trabalho produtivo.

Os executivos americanos estão acostumados a contratar e manter funcionários com base em sua eficiência e desempenho no trabalho. Esse não é necessariamente o caso na Europa, diz Utroska. Todos — de secretárias a CEOs — têm um contrato que praticamente garante a permanência no emprego, não importa qual seja a condição financeira da empresa ou os objetivos de negócio. Uma vez contratados os indivíduos, não é fácil demiti-los, não importa o quanto seu desempenho seja ruim.

PARA A VIDA TODA

Demitir um funcionário por mau desempenho é possível, mas os custos podem ser altos. De acordo com Utroska, vários anos atrás uma importante indústria farmacêutica americana que funcionava na Suécia tentou despedir um funcionário alcoólatra que não havia respondido aos programas de tratamento e a outros tipos de assistência pagos pela empresa. Levou mais de dois anos para tirá-lo da folha de pagamento e, durante esse período, ele ia trabalhar bêbado, no fim do dia estava confuso e perturbava os outros operários no processo.

Em alguns países socialistas, como a França e a Bélgica, as únicas causas para demissão imediata são o comportamento criminoso. Demitir funcionários após aquisições, mudanças administrativas ou reestruturação — prática comum nos Estados Unidos — é extremamente difícil e raramente ocorre.

Para contornar alguns dos problemas causados pela estabilidade no emprego muitos países europeus insistem em um período de experiência de seis meses como parte do contrato de trabalho. Embora os operários de nível inferior geralmente aceitem esse período de experiência, muitos executivos se recusam a aceitá-lo. Isso pode ser uma dificuldade especial na seleção de executivos, que naturalmente estão preocupados em ter um cargo garantido antes de sair de seu emprego atual.

ASPECTOS ESPECIFICAMENTE AMERICANOS DO PERFIL DE LÍDER

As empresas americanas não devem esperar que gerentes europeus adotem aspectos exclusivamente americanos do perfil de líder. Por exemplo, os europeus têm dificuldade para entender a cultura igualitária do mundo corporativo americano. Embora tenham mais direitos que os americanos, os trabalhadores europeus operam em um ambiente sindicalizado em que os funcionários e a direção se vêem como espécies diferentes. A maioria dos gerentes europeus acha a noção de "trabalho em equipe" difícil de aceitar.

Certos ícones da cultura gerencial americana, como remuneração pelo desempenho e salários comissionados, não são bem recebidos na Europa. Muitos europeus — principalmente no sul — valorizam fatores altamente subjetivos como fidelidade, perseverança e progresso, e podem se sentir insultados por sistemas de mensuração e recompensa "objetivos" que se baseiam em resultados financeiros.

FUNDAMENTOS DO PERFIL DE LÍDER

A capacidade de se comunicar em outro idioma é o primeiro passo para construir o perfil de líder no exterior. Embora a fluência não seja essencial, saber outro idioma o suficiente para conversar socialmente demonstra interesse, compromisso e inteligência emocional. O inglês é certamente a língua dos negócios internacionais, mas os executivos americanos que falam a língua do país onde fazem negócios e se esforçam para adotar suas tradições culturais podem causar um impacto bem maior. Entretanto, uma pesquisa recente constatou que menos de 25% dos CEOs americanos são fluentes em qualquer idioma estrangeiro. E apenas uma percentagem mínima fala qualquer idioma asiático, considerado o mais vital para o século XXI.

Se seu idioma nativo é o mandarim, o cantonês ou o espanhol e você consegue se comunicar razoavelmente bem em inglês, pode ser um candidato ideal para um cargo gerencial no exterior em uma empresa americana. Os idiomas locais são muito mais importantes para o gerenciamento eficaz no exterior, e muitas empresas americanas estão abandonando sua tendência de contratar aquele que fala inglês melhor — e não o melhor gerente — para um cargo gerencial no estrangeiro.

Nacionalidade. As empresas americanas têm percebido que transferir um americano para dirigir um escritório no exterior, particularmente um americano sem habilidades lingüísticas, é uma receita para o desastre. Além das despesas de expatriar um executivo e sua família, as questões do perfil do executivo são fundamentais: sem um conhecimento íntimo da cultura local, dos costumes de negócio e do estilo gerencial esperado, um executivo americano raramente pode representar a empresa tão bem quanto um executivo local.

Experiência. Como nos Estados Unidos, as qualificações profissionais e os aspectos do currículo são apenas uma parte dos requisitos necessários para um desempenho bem-sucedido como executivo. Além das questões do idioma e da nacionalidade, são essenciais o conhecimento do país e uma sensibilidade com sua herança cultural e etiqueta gerencial.

Comunicação. Embora o e-mail e as telecomunicações facilitem o contato entre executivos de todo o mundo independentemente do local, a tecnologia não é suficiente quando um relacionamento de negócio deve ser desenvolvido através de uma distância de milhares de quilômetros. Quando dois executivos se vêem apenas algumas vezes por ano, sua comunicação e seu pensamento consistente devem lhes permitir prever o estilo de raciocínio e o processo de tomada de decisão um do outro. Na Pepsico, por exemplo, o ex-CEO Wayne Calloway entrevistava cada candidato para as 600 posições mais altas na empresa. A razão para isso? Quer trabalhem em Paris ou no Paquistão, ele tinha a chance de conhecê-los e garantir que tivessem em mente os mesmos valores, objetivos e padrões.

O MERCADO PARA EXPATRIADOS

Apesar dessas considerações, certamente há um mercado para executivos expatriados. Como a força de trabalho global se tornou mais móvel, as corporações do mundo todo agora cruzam fronteiras para recrutar um número cada vez maior de executivos destacados. As áreas de maior interesse das corporações americanas e globais são:

Gerentes globais. Com a consolidação das economias do Ocidente Europeu e o crescimento contínuo dos países da orla do Pacífico, os consultores prevêem uma forte demanda de executivos, em quase todos os setores, com experiência em administração internacional. "Agora mesmo, o maior *pool* de talentos administrativos globais trabalha em multinacionais americanas", diz Utroska. "Empresas alemãs, francesas e suíças estão recrutando do Citibank, do Morgan e de outras empresas internacionais que estão praticando o gerenciamento global há anos."

Executivos pan-continentais. Freqüentemente chamados euro-executivos, esses híbridos administrativos têm experiência em dirigir operações multinacionais. Com exposição a uma variedade de culturas e excelentes habilidades lingüísticas, são capazes de desenvolver uma estratégia continental com táticas locais para cada nação européia. À medida que entramos no século XXI, executivos pan-asiáticos e pan-americanos também são procurados.

Planejamento estratégico. Esta será uma profissão para altos executivos no século XXI, e os indivíduos que foram capazes de lidar com várias culturas européias serão muito procurados.

Manufatura. À medida que se concentram na qualidade, as corporações do mundo todo buscam cada vez mais executivos com especialização em gerenciamento da qualidade total, controle estatístico de processos e programas de gerenciamento do estoque *just-in-time*.

Recursos humanos. À medida que os fatores demográficos mudam e as atitudes com relação a trabalho, retenção de funcionários e programas de intercâmbio se tornam questões fundamentais no mundo todo, os executivos de recursos humanos assumirão mais responsabilidades — e ficarão mais difíceis de encontrar.

O meio ambiente. Especialistas em meio ambiente se tornarão cada vez mais responsáveis por administrar não apenas o descarte, mas também a utilização, a reciclagem e a reutilização de produtos manufaturados, bem como os resíduos da energia e do petróleo.

Para indicar sua disponibilidade e sua capacidade para um cargo internacional, deixe claras suas habilidades lingüísticas. Ou que você viaja para o exterior quando tem tempo livre. Outra maneira é demonstrar sua competência em lidar com culturas étnicas no mercado doméstico. Muitas empresas na Califórnia, no Sudoeste, no sul da Flórida ou em Nova York lidam com grandes bases de clientes que são, em grande parte, imigrantes ou não falam o inglês. Trabalhar com marketing étnico ou com um

campo associado pode ajudá-lo a demonstrar e a construir competências para trabalhar com culturas diferentes da sua.
RODERICK C. GOW, EX-VICE-PRESIDENTE EXECUTIVO,
LAI WORLDWIDE

QUATRO TRAJETÓRIAS PARA UMA CARREIRA NO EXTERIOR

Se você tem a intenção de um cargo de executivo sênior no exterior, tente quatro trajetórias principais para expandir sua carreira globalmente:

- Se você já trabalha para uma organização global, deixe claro seu interesse em assumir um cargo no exterior. Se planeja mudar de empresa, procure aquelas que possuam um ou mais escritórios no exterior, mesmo que o cargo inicialmente não envolva viagens.
- Entre em uma grande empresa americana que tenha uma porcentagem significativa de negócios no exterior, como uma corporação de bens de consumo embalados, ou uma empresa em um setor que esteja se expandindo rapidamente no exterior, como uma empresa de software ou de computadores. Embora seja provável que sua nova empresa contrate funcionários locais para gerenciar os escritórios no exterior, você pode entrar para um grupo de transição que monte uma nova operação no exterior e, mais tarde, assumir um cargo em tempo integral.
- Entre em uma divisão de uma empresa global com sede na Europa ou em outra área. Muitas empresas estrangeiras promovem seus melhores executivos americanos a outros cargos em todo o mundo.
- Entre em uma empresa internacional de serviços profissionais em consultoria, contabilidade ou bancos de investimento. As maiores empresas costumam ter vários escritórios no mundo, e suas chances de assumir uma nova incumbência são significativamente maiores do que em uma empresa industrial convencional.

18

PERFIL DE LÍDER: 2010

Os trabalhadores intelectuais de hoje têm uma chance muito maior de alcançar um posto de comando — se conseguirem raciocinar estrategicamente, motivar as pessoas e parecer e agir como líderes.

O que um gerente precisará para ser um líder de sucesso no mundo dos negócios do futuro? Dê uma olhada nos perfis a seguir:

Greg Brenneman, 35 anos, ex-CEO da Continental Airlines, é um garoto extraordinário de Mennonite que, aos 34 anos, ajudou uma companhia aérea que andava mal a se transformar em uma organização bem-sucedida. Um ótimo analista e também uma pessoa comunicativa, Brenneman ajudou as ações da empresa a subir quase nove vezes em seus primeiros 18 meses no cargo. Perfil de líder? Energia: poucos conseguem acompanhar Brenneman, que dorme uma média de quatro horas por noite, começa o trabalho às 5 da manhã e passa 75% de seu tempo viajando, em grande parte para o exterior. Uma noção de urgência: "Adoro fazer diferença", diz ele, "e fazê-la rapidamente." Um toque pessoal: um memorando interno que terminava em um tom entusiasmado: "Ontem foi um bom dia! Nossas ações fecharam em US$ 60 3/8 e eu peguei meu Corvette 64".

O trabalho de *Catherine Hapka, 42 anos*, envolvia desde controlar um bando de trabalhadores sindicalizados na cervejaria Schlitz até supervisionar uma empresa de telecomunicações de US$ 6,8 bilhões como ex-CEO da US West. Sua meta declarada: "Esquentar o ambiente". Perfil de líder? *Leads*: "Qual é o ponto principal?", pergunta ela quando se confronta com dados que não estão bem processados. "Minha função é preparar todos para a competição brutal", explica. "Ninguém acredita que a Baby Bell pode ser uma máquina enxuta e magra." Paixão: "Adoro fazer coisas que as pessoas dizem que não podem ser feitas", diz ela, com um sorriso largo. Habilidades interpessoais: tenta envolver os trabalhadores em grandes idéias que importam para a sobrevivência da empresa, em vez de pequenos processos.

Art Collins, 48 anos, é CEO da Medtronic, fabricante de aparelhos médicos com faturamento de US$ 1,7 bilhão. Perfil de líder? "Você não pode gerenciar atrás de uma mesa" é o lema de Collins, e ele faz regularmente visitas aos hospitais e às fábricas para inspecionar o que espera, ver seus produtos em funcionamento e ouvir diretamente dos clientes sugestões sobre o que a Medtronic pode fazer melhor.

Esses executivos e uma série de líderes que estão por vir nos Estados Unidos demonstram a nova realidade do mundo de negócios de hoje: não importa o quanto suas credenciais de negócio sejam fortes e suas realizações sejam sólidas, elas são apenas o requisito mínimo para conquistar uma posição de executivo. Você pode ter MBA em Harvard, ser brilhante intelectualmente e ter um histórico de projetos de sucesso. Pode ter o cargo certo, na hora certa, com o chefe certo. Todos esses "aspectos do currículo" provavelmente lhe darão acesso a um cargo gerencial sólido. Mas, sem o perfil de líder, não é provável que você tenha sucesso em uma posição de direção — em sua empresa atual ou em uma nova organização.

O TRABALHADOR DO CONHECIMENTO DE HOJE

A maioria dos executivos recrutados pelos *headhunters* para altas posições executivas está entre 40 e 60 anos — pessoas nascidas entre 1945 e 1965. Mas, à medida que os serviços e produtos baseados na informação conduzem cada vez mais a economia americana, o perfil demográfico do CEO de amanhã muda. Todos conhecem garotos de 27 anos que dirigem empresas de computadores de milhões de dólares. O que as pessoas podem não saber é que existe uma nova geração de jovens executivos cujas habilidades computacionais, experiência em gerenciamento de linha e habilidades interpessoais os tem impulsionado para a frente, na manufatura e em empresas de serviços. Com todos os setores — da fabricação do aço às telecomunicações — cada vez mais levados pela mudança tecnológica, o trabalhador do conhecimento de hoje tem uma oportunidade muito maior de alcançar um posto de comando se conseguir pensar estrategicamente, motivar as pessoas e parecer e agir como um líder. "Os CEOs do século XXI serão centrados na rede — se não forem, perderão muitos negócios", diz o consultor Jeffrey Christian.

Não apenas os consultores percebem que alguns dos fatores básicos do perfil de líder, como aparência e postura, são menos importantes no setor de computadores. Sua aparência e qual garfo você usa se tornaram irrelevantes uma década atrás, de acordo com muitos *headhunters*. "Às vezes, quanto mais *geek* você for, melhor", diz Anne Peckenpaugh, ex-presidente da Schweichler & Associates, que conduz muitas seleções para empresas do Vale do Silício. Ela comenta John Morgridge, *chairman* da Cisco Systems. "Pelas regras convencionais do perfil de líder, ele não parece ser um líder. Ele usa paletó marrom e parece um sujeito careta."

TRANSCENDENDO O PAPEL DE *GEEK*

À medida que as corporações americanas se tornam cada vez mais centradas na rede, certos padrões do perfil de líder podem se tornar menos rígidos. Mas — diz a maioria dos consultores — não fique ansioso. Embora Morgridge possa não parecer, ele possui todos os outros fatores do perfil de líder bem consolidados. "É um líder efetivo porque tem o *know-how* técnico, as habilidades de comunicação e a inteligência para lidar com as pessoas", diz Peckenpaugh. "Bill Gates também é um *nerd*, mas é um visionário eloqüente — quando você fala com ele, sente que algo está acontecendo. Vocês dois estão sentados, mas seus cérebros estão voando a 150 km por hora." E, apesar de sua predileção por ternos marrons e roupas desleixadas, a maioria dos gênios de computador sabe quando se arrumar. "O fato é que, quando esses sujeitos de empresas iniciantes querem fazer uma oferta pública de sua empresa ou obter um financiamento, vão a Wall Street usando terno azul-marinho", diz um consultor que trabalha extensamente com empresas IPO.

Uma pesquisa recente ilustra como o perfil de líder é essencial. Uma importante empresa de tecnologia estava avaliando dois candidatos externos para seu cargo executivo mais alto. Ambos os finalistas tinham um currículo excelente, eram bons tecnicamente e capazes de participar da seleção. O primeiro deles, um engenheiro elétrico, tinha a inteligência, as qualificações e o *know-how* tecnológico para traçar um caminho complexo para a liderança de mercado. Entretanto, não estava claro se seria capaz de transcender seu papel de "guru do computador" e de se relacionar com sucesso com funcionários que não fossem técnicos. Por outro lado, o candidato que acabou sendo selecionado combinava conhecimentos técnicos de alto nível, um estilo gerencial voltado para a parceria e experiência internacional. Sua eficácia com colegas e clientes o levou a ocupar o cargo de CEO da empresa, cujo valor de mercado subiu 150% desde sua chegada, em 1997.

EMPRESAS INICIANTES

À medida que empresas iniciantes e empreendedores proliferam, o perfil de líder dá uma nova guinada, de acordo com David Beirne, da Benchmark Capital, uma empresa de seleção especializada em empresas e novos negócios financiados por capital de risco. "Se você planeja entrar em uma empresa iniciante, deve ser capaz de mudar a direção e funcionar com o mínimo de recursos", diz Beirne. "A disposição para aceitar mudanças e para implementar novas estratégias à medida que as iniciativas da empresa mudam será a chave para seu sucesso — e o da empresa." De acordo com Beirne, a maioria dos executivos que estão mudando para esse tipo de ambiente vem de uma cultura corporativa maior, em que existem profissionais de apoio em abundância. Entretanto, quando entram em uma empresa iniciante, têm de engolir seu orgulho muito rapidamente. "Se não quiser cuidar de sua própria correspondência ou e-mail nem fazer seu próprio sanduíche, não siga esse caminho", acrescenta ele.

AGIR COMO CEO

A maioria dos executivos ambiciosos não construirá suas carreiras no Vale do Silício, onde vestir-se informalmente e parecer um *nerd* podem aumentar suas chances. No ambiente corporativo americano, dizem os consultores, se você quer se tornar um CEO, precisa parecer, falar, agir e pensar como um CEO. Embora os padrões de perfil de líder para aparência e postura possam estar mudando, não vale a pena arriscar. "Vista-se sempre melhor do que você está acostumado", diz o consultor Gerry Roche.

> *Um CEO no século XXI deve ter inteligência suficiente para ver seu negócio a 50 mil pés de altura, experiência suficiente para gerenciar os detalhes e também o todo, confiança pessoal suficiente para se entusiasmar com o que fazem e tolerar a ambigüidade ao mesmo tempo.*
> JOHN THOMPSON, VICE-*CHAIRMAN*,
> HEIDRICK & STRUGGLES

FATORES DO PERFIL DE LÍDER PARA O SÉCULO XXI

Para convencer os consultores e a diretoria de seus clientes de que você tem qualificações operacionais para trabalhar em um ambiente do século XXI, você deve ter um intelecto global e uma grande flexibilidade pessoal. Deve demonstrar capacidade de influenciar, de se ajustar a modelos de negócios que estão mudando rapidamente, de gerenciar a mudança e de equilibrar muitas bolas no ar ao mesmo tempo. Além disso, você será julgado quanto aos oito fundamentos do perfil de líder.

Intelecto. A capacidade que um executivo tem de ver uma questão, decisão ou oportunidade em um contexto maior e sob muitas perspectivas continuará a ser um fator crucial em seu perfil de líder no século XXI. O ambiente corporativo americano tem produzido muitas taticas eficazes. Entretanto, a capacidade de pensar e de gerenciar estrategicamente é o que verdadeiramente distingue os líderes dos administradores. Ao formar uma visão do negócio da organização, identificar seus pontos fortes e oportunidades, posicioná-la com eficácia contra a concorrência e estruturá-la para alcançar seu potencial máximo, estrategistas como Bob Kidder (Borden), Harvey Golub (American Express) e Lou Gerstner (IBM) demonstram a "tal da visão" exigida dos maiores líderes.

Conhecimentos tecnológicos. Saber como a tecnologia de informação pode ser alavancada para apoiar a estratégia e a tomada de decisão da empresa também é essencial para o executivo de hoje. Os líderes devem entender o papel que os computadores desempenham em definir seus mercados e operações atuais, o potencial que a tecnologia tem para aprimorar seus processos e produtos e como ela pode ajudá-los a se posicionar com eficácia contra a concorrência. Uma advertência: não fique tão preocupado com a tecnologia a ponto de perder de vista o "quadro geral" e a importância da interação humana. Charles Wong, ex-CEO da Computer Associates, adverte que a dependência do e-mail pode despersonalizar as organizações e sobrecarregar os gerentes com detalhes desnecessários. Em sua organização, o e-mail é proibido, e espera-se que os executivos saiam de suas salas e se comuniquem pessoalmente.

Paixão. Assim como os líderes de hoje, os CEOs e executivos de nível sênior do século XXI desejarão um emprego administrativo de alto nível, e o desejarão muito. "Meu objetivo é ser CEO de uma empresa importante", diz Catherine Hapka, da US West. "Ponto final. A ambição é ótima para as pessoas que me contratam e para as pessoas que me seguem. Não sei por que as pessoas estão tão preocupadas em falar que são ambiciosas. É o que move os Estados Unidos."

Foco. Com a proliferação de novos produtos, mercados e tecnologias, o foco será ainda mais importante para a próxima geração de executivos.

Habilidades de comunicação. Os executivos do futuro serão hábeis em simplificar o complexo, reduzir um conceito complicado ou criar um gráfico de uma página e apresentar uma idéia, problema ou diretriz com simplicidade, humor e sinceridade.

Aparência e postura. À medida que a economia progride, os executivos têm mais dinheiro para gastar em roupas de alta qualidade e para se arrumar. Eles almoçam ou jantam com mais freqüência com clientes, capitalistas de risco e outros. "Querem ter certeza de que estão dando um passo à frente", diz Judith Re, consultora de etiqueta que curou muitos executivos corporativos dos maus modos à mesa. Muitos executivos em diversas empresas, inclusive produtoras de software, agora usam os serviços de consultores de imagem ou treinadores de etiqueta para lapidar suas maneiras, para que não afetem o conteúdo.

Carisma. "Um elemento-chave para o sucesso será a capacidade de conseguir que as pessoas fiquem a seu lado, de ser um formador de opinião", diz Steve Mader, CEO da agência da Christian & Timbers, em Chicago. "Todo executivo deve vender idéias e conseguir a adesão das pessoas — funcionários, clientes, Wall Street. Hoje, essa é a função mais importante de um alto executivo."

Adequação à cultura. Como seus predecessores, os executivos do século XXI focalizarão mais do que o resultado financeiro: têm uma noção afiada dos valores de sua organização, dos comportamentos operacionais e das atitudes sobre mudança, e refletem esses fatores quando executam suas atividades na organização. Tendo isso em mente, eles devem criar um objetivo e uma diretriz claros para uma organização. E devem alinhar todos os sistemas corporativos com essa diretriz por um período prolongado e gerar o compromisso organizacional com os objetivos em comum.

SEIS ASPECTOS OBRIGATÓRIOS PARA OS LÍDERES DO FUTURO

Quase toda autoridade em liderança escreveu sobre este assunto de uma forma aprofundada e esclarecedora. Mas as pessoas que vão realmente selecionar os líderes do futuro — os consultores de executivos — dizem que seus clientes buscam, cada vez mais, seis características em seus futuros líderes:

- *Flexibilidade:* uma capacidade de se adaptar a demandas em constante mudança, quer isso signifique assumir um grande risco em uma nova tecnologia ou fazer reviver a fidelidade em uma força de trabalho desanimada.

- *Orientação consensual:* preferir um estilo participativo em vez de um autocrático.
- *MBA:* não é meramente uma credencial vazia — proporciona uma vantagem real nos negócios.
- *Astúcia interpessoal:* a maioria dos executivos do futuro verá as relações interpessoais como a base para o progresso. Aperfeiçoaram suas habilidades interpessoais e são gerentes competentes dos sentimentos e comportamentos humanos.
- *Visão global:* uma substancial experiência no exterior será uma marca registrada dos gerentes do futuro. Vêem seu país natal como nada mais que uma região em um mercado global. Entendem como as diferenças culturais são importantes nos planos de negócio e nas organizações. Um cargo no exterior não é mais considerado uma perda de tempo, e sim um atalho para chegar ao comando.
- *Exposição à governança corporativa:* a experiência no conselho é um ponto crítico no desenvolvimento de qualquer executivo que deseje assumir um papel de liderança. Quer trabalhem no conselho de sua própria organização, no conselho de outra organização ou no conselho de uma poderosa organização não lucrativa, os líderes do futuro lidarão com questões estratégicas fundamentais como a saúde financeira da organização, sua missão e sua visão e o impacto da estratégia em seus principais constituintes, inclusive os acionistas.

CONCLUSÃO

Cada um dos consultores que contribuíram com conselhos e exemplos para este livro tinha lições diferentes a oferecer aos executivos ambiciosos. Mas há uma realidade com a qual todos concordam: o sucesso em um cargo gerencial exige mais do que um currículo de primeira.

Agora, mais do que nunca, os intangíveis é que colocarão os executivos em um posto de comando. E, para os consultores que atuam cada vez mais como porteiros dos escritórios de executivos das corporações americanas, o perfil do executivo é fundamental para determinar o potencial administrativo.

GLOSSÁRIO

Add-on marketing – Marketing que agrega valor.

Brainstorming – Técnica de apoio à criatividade que envolve falar tudo o que vem à mente, sem censura, para, depois, filtrar as boas idéias.

Branding – Criação e desenvolvimento de marca.

Chairman – Presidente do conselho administrativo. Pode ter ou não autoridade operacional sobre a empresa. (www.investorwords.com)

Conference call – Teleconferência.

Corner office – Escritório que fica em uma parte privilegiada do prédio e tem, no mínimo, duas paredes com janelas. É sinal de *status*. Normalmente abriga executivos de alto nível, como presidentes, CEOs etc.

Cross-branding – Prática que visa aproveitar a sinergia entre marcas.

Downsizing – É o enxugamento estrutural dos níveis hierárquicos de uma organização, objetivando agilização na tomada de decisão e redução de custos. Na maioria das vezes, resulta em redução do número de funcionários.

Formulário 10K – Documento auditado exigido pela SEC (Securities and Exchange Commission) e enviado aos acionistas de empresas de capital aberto ou fundos mútuos americanos ao final de cada ano fiscal. Relata os resultados financeiros do ano em questão (balanço patrimonial, declaração de receita, declaração de fluxo de caixa e descrição das operações da empresa), além de comentar as previsões para o futuro. Também é chamado de relatório anual. (www.investorword.com)

Geek – Entusiasta por equipamentos eletrônicos. Geralmente não é muito sociável, se veste mal e não fala em outro assunto.

Headhunter – Profissional especializado em recrutar pessoas (principalmente executivos e profissionais liberais) para ocupar cargos em empresas. (Definição do Dicionário Houaiss da Língua Portuguesa, editora Objetiva.)

Insiders – Pessoas de dentro da organização, que têm acesso à informação privilegiada. Também pode ser um diretor ou um acionista que possui 10% ou mais da empresa. (www.investorwords.com)

Insights – Clareza súbita na mente, no intelecto do indivíduo; iluminação, estalo, luz. (Definição do Dicionário Houaiss da Língua Portuguesa, editora Objetiva.)

IPO (Initial Public Offer – Oferta pública inicial) – Primeira oferta de ações de uma empresa no mercado de valores. Também é usado como apelido para as empresas que estão abrindo seu capital.

Joint venture, ou JV – Fusão de interesses entre uma empresa e um grupo econômico, pessoas jurídicas ou pessoas físicas que desejam expandir sua base econômica com estratégias de expansão e diversificação, com propósito explícito de lucros ou benefícios, com duração permanente ou com prazo determinado. (www.economiabr.net)

L&P – Lucros e prejuízos.

Lead – Sentença jornalística que responde a cinco perguntas básicas: quem? como? quando? onde? por quê? Deve causar um impacto.

M&A (Merges and acquisitions) – Departamento da empresa que cuida de fusões e aquisições.

Managed care – Um novo modelo de plano de saúde, em que uma administração central controla os recursos e as decisões das clínicas.

Outsider – No caso do livro, espiões de empresas concorrentes. Mas, no caso de investidores, também pode ser alguém de fora da empresa, que não tem acesso às informações internas – privilegiadas.

Press release – Comunicado à imprensa.

SAP – Refere-se ao sistema de gestão empresarial integrada, software desenvolvido pela empresa alemã SAP – Systemanalyse and Programmentwicklung – Sistemas, Aplicações e Produtos para Processamento de Dados.

SAT (Scholastic Assessment Test) – Um teste de admissão em universidades norte-americanas. Seria o equivalente ao nosso vestibular, mas é um teste que envolve apenas as aptidões verbais e matemáticas; dura 3 horas.

SEC (Securities & Exchange Commission) – Agência governamental americana que promove a transparência total das empresas e protege os investidores contra práticas fraudulentas e manipuladoras no mercado de investimentos. (www.investorword.com)

Stakeholder – Pessoa interessada no sucesso de uma empresa: administradores, funcionários, acionistas, parceiros, clientes etc.

Tradeoff – Decisão que temos de tomar diante de encruzilhadas.

Turnaround – Recuperação radical e positiva de uma organização ou do mercado como um todo. (www.investorwords.com)

Y2K – TBD = Year 2000 – To be defined (Projeto do Ano 2000 – A ser definido) – Significa que o candidato fez o projeto de reformulação para o ano 2000, mas na época não havia como determinar se o projeto (ou sistema) seria bem-sucedido.

ÍNDICE REMISSIVO

A
acessórios, 51-52, 66-69
adequação à cultura, 14, 16, 120-121, 167
    determinando, 152
    e avaliação do consultor, 161
    e estilo gerencial, 152-157
    e transferências da indústria, 156-160
    importância da, 150-152
Alemanha, estrutura gerencial na, 171
Allen, Sandra, 159
André, Jacques P., 10-11, 82
aparência, 119
    acessórios, 51-52, 66-69
    avaliação do consultor, 71
    cabelo, 51, 69
    cuidado pessoal, 70-71
    e forma física, 59-60
    e linguagem corporal, 63, 70
    e primeiras impressões, 60-61
    importância da, 57-59
    o "visual" padrão, 60-61, 127
    roupas, 63-67
    saúde e forma física, 61-62
aperto de mão, 75-76
Armstrong, Mike, 159
astúcia política, 129
atitude, certa, 77
autoconfiança, 74
avaliação de candidato, 10-11, 29, 38-41, 87-88, 93

B
Barksdale, Jim, 140-141, 143-144, 145
Bartz, Carol, 136-137
Bastosky, Bruce M., 76-77
Beirne, David, 181
Bishop, Susan, 58, 62, 67, 76
Brenneman, Greg, 178
Brown Jr., Hobson, 158
Brown, Richard H., 162-168
    carreira de, 167-168
    e Electronic Data Systems, 163, 164
    qualidades da presença da liderança de, 164-167
Buffett, Warren, 135
Burkland, Skott, 33-34, 134-135

C
Calloway, Wayne, 154, 175
Campbell, Pat, 106-107
candidatos, identificando e qualificando, 33-34
caráter, 16-17
Carey, Dennis M., 9-10, 57-58, 66, 75, 135, 136
carisma, 14, 54, 120, 142-149, 183
    avaliação do consultor, 149
    definido, 144
    e habilidades para lidar com pessoas, 146-149

"exibicionismo" *versus* "trabalho duro", 143-144
  importância do, 142-144
  mensagens simples, 145-146
carreiras no exterior. Veja oportunidades globais
Christian, Jeffrey E., 24, 123-124, 145-146, 147, 180
Clarey, Jack, 60, 65-66, 70, 77, 81-82
Clark, Donald C., 3-4, 35
Clarke, Robert J., 66-67
Collins, Art, 179
comentários curtos, 145-146
competência intelectual, 36
compromisso. Veja paixão
conhecimentos de tecnologia, 182
consultores de executivos
  e porteiros, 9-10
  e progresso de carreira, 22-23, 25-26
  perguntas mais freqüentes, 96-103
  serviços de, 2-3, 27
  trabalhando com, 43-44, 129
consultores de executivos. Veja consultores, executivo
consultores de pesquisa de executivos. Veja consultores de executivos
consultoria, 159
contato do olhar, 75
contexto, colocando respostas em, 107, 124
contrato social, 23
conversa rápida, 107-108
cortesia, 77
Crabtree, Bonnie, 60, 62, 133-134
Crist, Peter D., 69, 125
Cronin, Richard J., 66, 151
cultura da empresa, 22-23
curiosidade intelectual, 125
currículo, furos no, 83

D
Darter, Steven M., 63, 74, 83, 108, 138-139, 143
debate sobre currículo, 32-34, 44
Dell, Michael, 154
Dimon, Jamie, 116, 117
Drummond-Hay, Peter, 75

E
Early, Bert H., 73
empatia, 147-148
empresas agentes de mudança, 155-156

empresas de contingência, 27-28
empresas estratégicas, 154
empresas iniciantes, 181
empresas que cobram taxas antecipadas, 27-28
empresas tradicionais, 156
entrevista(s)
  contando sua história na, 86-88
  habilidades de comunicação e, 108-109
  importância de, 34-36
  maneiras de estragar tudo, 81-83, 129-132
  maneiras durante, 52-53, 78-79, 82-83
  mostrando autoconfiança durante, 73-74
  o que os consultores estão procurando na, 35-37
  pontos-chave para fazer durante, 100
  preparação e follow-up, 79-81
  roteiro, 90-92
  usando linguagem corporal, 62-63, 75-77
  vestindo-se para, 51-52, 63-69
entusiasmo, 138-139
especificação da posição, 29-32, 44, 87-90, 96-97, 99
estilo gerencial, 15-16, 152-157
  empresas agentes de mudança, 155-156
  empresas estratégicas, 154
  empresas tradicionais, 156
  gerenciamento da estrutura, 153-154
  gerenciamento da experiência, 154-155
  gerentes de ativos humanos, 155
  na Europa, 170-172, 173-174
estratégia *versus* tática, 124
estratégias de progresso, 158-160
estresse no trabalho, fatores, 21-22
Euro-executivos, 176
Europa. Veja oportunidades globais
executivo(s)
  carga de trabalho de, 23, 135
  encontrando, apaixonados, 135-137
  expatriado, 175-176
  futuros, 178-179
  níveis de compromisso de, 23-24, 133-135
  perfil típico de, 20
  táticas de busca de emprego de, 25
Executivos pan-continentais, 176

F
fala do cliente, 110
fala
  avaliação do consultor, 114
  cadência, 112

ÍNDICE REMISSIVO **193**

evitando jargão em, 113
gramática, 113
o que você revela, 84-85, 105-107
silêncios estratégicos, 112
sotaques, 55, 112
tom, 112
usando palavrões, 113
usando sinalizadores na, 110-111
Veja também habilidades de comunicação
vocabulário, 111
volume da, 111
fatores de estresse, 21-22
férias do funcionário (na Europa), 173
foco, 13-14, 120, 139, 183
formação de credenciais, 160
Fox, Amanda C., 75, 87, 135-136, 136-137
fracassos, discutindo seus, 102-103, 125-127
França, estrutura gerencial em, 171
fraquezas, discutindo suas, 126

G
Gadiesh, Orit, 149
Gaines, Jay, 4, 58-59, 59
gentilezas sociais, 79
gerenciamento da estrutura, 153
gerenciamento de carreira, 18-26
  defensiva, 20, 24-25
  e mudanças nas práticas de emprego, 19, 24-26
  papel de consultores no, 20, 33
gerenciamento de experiência, 155
Gerentes globais, 172, 176
Germaine, Debra S., 155-156
Gilmore, B. Merle, 160
Goleman, Daniel, 128
Gould, Bill, 127
governança corporativa, exposição a, 184
Gow, Roderick C., 176-177

H
habilidade de ouvir, 109
habilidades conceituais, 36
habilidades de comunicação, 14, 52-56
  avaliação do consultor, 94
  contexto, respondendo a perguntas no, 106-107
  durante uma entrevista, 73-74, 90-92, 108-109
  habilidades de ouvir, 109
  importância das, 84-86, 105-107, 106

perguntas retóricas, 110
ser sucinto, 73-74, 106-107, 108, 144-146
usando sentenças como chamada, 93-94
Veja também discurso
habilidades de lidar com pessoas, 146-149, 184
habilidades de liderança, 37
habilidades de linguagem, 174-175, 176
habilidades de solução de problemas, 100-101
Hapka, Catherine, 179, 182
Hardison, Richard L., 4, 62
Harreld, Bruce, 158-159
Hawkinson, Paul, 68
Holden, Jodi, 159
humor, senso de, 127
Humphrey, John, 158
Hunter, Durant A., 137
Hymowitz, Carol, 153

I
impressões, primeiras, 12-13, 35, 57-59, 60-61
índices de rotatividade, 19
influência, arte de, 101-102
Inglaterra, estrutura gerencial na, 171-172
instinto, 128
intelecto, 14, 120, 122, 166, 182
  Veja também raciocínio estratégico
inteligência emocional, 36, 128
intuição, 128

J
James, E. Pendleton, 2
jogo da busca, participando do, 129-130
Johnson, Kathleen, A., 61, 62, 135

L
Larson, Peter, 157
laudos". Veja avaliações de candidatos
linguagem corporal, 63, 75-77
Long, Helga, 74

M
MacCormack, Scott, 119-120
Mader, Steven, 126, 140-141
maneiras à mesa, 78, 82
maneiras, 72-73, 77-79
Martin, John G., 93, 151
Matthews, Bill, 107, 113
McCartney, Paul, 12
Mccreary, Chip, 75, 83, 109, 157, 160
McSherry, James F., 109

Mead, Dana, 15-16, 155
mente equilibrada, 126-128
mercado de carreira, 24-26
método ziguezague, 156-160
Miller, Heidi, G., 115-121
    carreira de, 121
    formação educacional, 118-119
    lidando com desafios, 116-117
    qualidades da presença da liderança, 117-118, 119-121
Mitchell, Norman F., 35, 66
Monahan, Rod, 16
mudança de carreira, 156-158
Mullin, Leo, 157

N

Neff, Tom, 107
negatividade, mostrando, 83, 96-97
níveis de compromisso, de executivos, 23-24, 133-135
nível de energia, 136-138
Noebel, Todd, 70-71, 77, 79, 106-107

O

objetivos de carreira, definindo, 97-98, 99-100
Ogden, Dayton, 41-42, 108, 126, 127, 148
Onstott, Joseph, 10
oportunidades globais
    e diferenças culturais, 169-172, 173-174
    emprego permanente, 174
    fundamentos da presença da liderança para, 174-176
    mercado de carreira, 176
    trajetórias para carreiras no exterior, 156-157
oportunidades no estrangeiro. Veja oportunidades globais
orientação ao cliente, 149
orientação consensual, 184
otimismo, 138-139, 144-145
Owens, Merle W., 80

P

paixão, 14, 120, 133-141, 182
    avaliação do consultor, 141
    e compromisso, 135
    e energia, 136-138
    e foco, 139-140
    encontrando executivos com, 135-137
    importância da, 133-134
    otimismo e entusiasmo, 138-139

Palmud, David W., 79-80
papel de bitolado em computador, transcendendo, 180-181
Pawlik, Bernadette, 64, 65, 134
Peasback, David R., 33, 137
Peckenpaugh, Nnn, 69, 127, 180
perfil de liderança
    aspectos da, 12-15
    o que não é, 15-16
    questionário, 45-56
perguntas para entrevista, 55-56
    para fazer ao consultor, 102-104
    para se promover, 98
    sobre novas posições, 97-98
    sobre objetivos de carreira, 97-99
    sobre posições atuais, 96
    sobre solução de problemas, 100-101
    sobre suas fraquezas, 102-103
    sobre suas realizações, 99, 101-102
perguntas retóricas, 110
permanente, emprego, 174
personalidade, 152-153
pesquisa, sobre o candidato, 86-87
poder cerebral. Veja intelecto
postura, 14, 119
    avaliação do consultor, 81
    e autoconfiança, 74
    e linguagem do corpo, 75-77
    e maneiras, 77-79
práticas de mudar de emprego, 24-26
preparação, para entrevistas, 79-81, 82
Priem, Windle B., 7
processo de recrutamento
    avaliação do candidato, 38-40
    entrevistas, 34-38
    identificando e qualificando candidatos, 32-34
    passos básicos do, 29
    preparando descrição de posição, 29-32
    verificando referências, 41-43
programas de treinamento da empresa, 19-20
progresso, diagonal, 2-3, 156-158

Q

qualidades intangíveis, importância das, 6-8
questões estratégicas, 124

R

raciocínio estratégico, 122-132
    avaliação do consultor, 131-132
    e astúcia política, 128-129

e equilíbrio, 126-128
e instinto, 128
e visão, 125
pensar no todo, 123-125
Veja também intelecto
Range, Mary Jane, 74
realizações
delineando suas, 99, 101
fornecer evidências de, 93-94, 100-101
recrutamento por telefone, 50
Redmond, Andrea, 136
Reed, John, 116
referências, verificando, 41-43
relações interpessoais, 101
relato de carreira, 38, 39
remuneração, levantando a questão da, 83
resumo de remuneração, 38, 41
Reynolds, Russell, 16, 79
Rich, Kenneth M., 138
risco, desejo de, 140-141
Roche, Gerard R., 9-10, 35-36, 67, 78, 108, 133, 147, 162, 181
Rosenberg, Richard, 153
Ross, Jim, 166
roupas, 50-51, 63-66

S

satisfação no emprego, 19-23
saúde e forma física, 61
Scanlon, Scott, 28
século XXI
CEO, 180, 181
e empresas iniciantes, 181
e líderes do futuro, 178-180
e problemas de tecnologia, 179-181
fatores do perfil de liderança para, 182-184

seleção por telefone, 33
Sibbald, John, 12
Siegel, Fred, 34, 79, 140
Smith, Herman, 36, 60, 122
Sonnenfeld, Jeffrey, 144
Splaine, Charles, 126
Sullivan, Brian M., 107, 145, 146
Sweet, Charles W., 9

T

Thompson, John T., 87
tomada de decisao, por instinto, 128
trabalhadores do conhecimento, 179-180
trabalho, importância do, 20-21
traje. Veja roupas
trajetória de carreira, 103-104
Tyler, Larry J., 65, 70-71

U

Utroska, Donald R., 171, 173, 176

V

visão, 37, 125
voz. Veja fala

W

Weill, Sandy, 116
Welch, Jack, 145
Winston, Dale, 78, 80
Wistrand, Birgitta, 136
Wong, Charles, 182

Z

Zíngaro, Ron, 70, 76-77, 102

SOBRE A AUTORA

Com experiência em seleção de executivos, Sharon Voros ajudou *headhunters* a avaliar candidatos a cargos de diretoria e a identificar o perfil de líder nesses executivos, em milhares de solicitações de seleção.

Foi vice-presidente de comunicações da Ray & Berndtson, a sexta maior empresa de seleções de executivos do mundo, e também aconselhou consultores na maioria das principais agências de seleção do mundo na avaliação do perfil e na comunicação com os clientes. Conduziu cursos sobre avaliação de executivos e comunicações de busca para a Association of Executive Search Consultants, a principal associação comercial do setor.

Sharon Voros é co-autora de *Secrets from the Search Firm Files* (1997), escrito em colaboração com Dr. John Rau, ex-reitor da Escola de administração, Indiana University, e escreveu *Navigating Your Career* (1998). Colabora regularmente com *The National Business Employment Weekly* e *The Fordyce Letter*, e tem publicado artigos em *The Wall Street Journal*, *The New York times* e *The Washington Post*, *Fortune*, *CFO*, *The Harvard Business Review*, *Leaders*, *Chief Executive Officer*, *Management Review*, *Directors and Boards* e outras publicações de negócios.

A empresa dela, Sharon Voros Communications, fornece consultoria em comunicações e marketing a empresas de pesquisa de executivos, e de serviços financeiros e consultoria gerencial. Voros tem MBA em marketing pela Wharton School, University of Pennylvania e bacharelado com distinção pelo Smith College.

CADASTRO DO LEITOR

- Vamos informar-lhe sobre nossos lançamentos e atividades
- Favor preencher todos os campos

Nome Completo (não abreviar):

Endereço para Correspondência:

Bairro: Cidade: UF: Cep:

Telefone: Celular: E-mail: Sexo: F M

Escolaridade:
☐ Ensino Fundamental ☐ Ensino Médio ☐ Superior ☐ Pós-Graduação
☐ MBA ☐ Mestrado ☐ Doutorado ☐ Outros (especificar):

Obra: **Como Conquistar uma Ótima Posição de Gerente ou Executivo**
Sharon Voros

Classificação: **1. Recursos Humanos   2. Empregos   3. Negócios**

Outras áreas de interesse:

Quantos livros compra por mês?: _____ por ano? _____

Profissão:

Cargo:

Enviar para os faxes: **(11) 3079-8067/(11) 3079-3147**

ou e-mail: **vendas@mbooks.com.br**

Como teve conhecimento do livro?
☐ Jornal / Revista. Qual?
☐ Indicação. Quem?
☐ Internet (especificar *site*):
☐ Mala-Direta:
☐ Visitando livraria. Qual?
☐ Outros (especificar):

*M.*BOOKS

M. Books do Brasil Editora Ltda.

Av. Brigadeiro Faria Lima, 1993 - 5º andar - Cj 51
01452-001 - São Paulo - SP Telefones: (11) 3168-8242/(11) 3168-9420
Fax: (11) 3079-3147 - e-mail: vendas@mbooks.com.br

DOBRE AQUI E COLE

CARTA – RESPOSTA
NÃO É NECESSÁRIO SELAR

O selo será pago por
M. BOOKS DO BRASIL EDITORA LTDA

AC Itaim Bibi
04533-970 - São Paulo - SP

DOBRE AQUI

Rem.:
End.:

GRÁFICA PAYM
Tel. (011) 4392-3344
paym@terra.com.br